Oscar Brenifier

Isabelle Millon

Sagesse
des contes soufis

EYROLLES

Éditions Eyrolles
61, bd Saint-Germain
75240 Paris Cedex 05
www.editions-eyrolles.com

ISBN : 978-2-212-55661-2

Sommaire

  Sagesse des contes soufis

 Sagesse des contes soufis

Introduction
Le pari de l'ouvrage

Le pari de cet ouvrage n'est pas celui de spécialistes du soufisme ou même de la religion. C'est uniquement celui de deux amateurs de contes, aimant à rechercher le sens caché de la narration. Car si la tradition orale permet à certaines histoires de se perpétuer de façon si vivace, il doit bien y avoir une raison, nous touchant de près. Certes, quelques-unes de ces histoires sont tirées de recueils, comme *Le Mesnevi* de Djalal al-Din Rumi, mais il n'en reste pas moins vrai que ces auteurs ont recueilli, et sans doute retravaillé, des histoires racontées et polies au fil du temps par la tradition, par divers conteurs. C'est cette paternité multiple qui leur accorde sans doute une telle profondeur, une telle force. D'autant plus que ces histoires ont pour but explicite d'éduquer le lecteur, en lui offrant quelques narrations étranges susceptibles de l'amener à se comprendre lui-même, d'appréhender le monde qui l'entoure. Pour cela, nous souhaitons montrer l'universalité du conte, plutôt que sa spécificité culturelle.

En lisant ces histoires, nous avons profité de notre formation philosophique pour leur donner sens, pour découvrir qu'elles constituaient une formidable source d'enseignement. C'est de cette expérience que nous souhaitons faire profiter le lecteur. D'une part en proposant une réécriture de l'histoire, d'autre part en retirant toute morale déjà constituée, pour que le lecteur d'aujourd'hui se fasse lui-même une idée du contenu, pour qu'il s'engage dans un corps à corps avec le texte. Pour l'aider en cette tâche, quelques questions accompagnent les narrations, qui en extirpent certaines problématiques inhérentes, sollicitant un avis et une réflexion sur ces divers dilemmes moraux, existentiels, psychologiques, métaphysiques, sociaux… Finalement, le lecteur peut lire l'analyse que nous avons rédigée à propos de ces histoires, chacune d'entre elles étant structurée autour de trois ou quatre concepts qui nous semblent cruciaux. Ainsi le lecteur pourra organiser sa méditation de la manière qui lui convient : en répondant aux questions avant de lire l'analyse, ou bien l'inverse. L'important étant de prendre patiemment le temps de la pensée et de jouir de cet instant.

Dans chacun de ces contes, le lecteur entendra et comprendra ce qu'il peut, ce qu'il veut, avec ses propres moyens. En les travaillant, il se révélera sans doute à lui-même. Ses difficultés et incompréhensions lui seront utiles : elles le renverront aux points aveugles de son esprit. L'étrangeté de certaines narrations et les problèmes qu'elles posent recèlent une profonde compréhension de la réalité de l'être. Leur but est d'inviter chacun d'entre nous à se penser lui-même, à entraîner sa réflexion, à grandir.

Le rapport à la tradition soufie, de nature religieuse, peut paraître étrange, dans la mesure où cet ouvrage ne parle pas de religion ou de Dieu, mais de l'humain et du monde. Quel est le rapport entre la révélation et la raison, entre l'absolu et le quotidien, entre Dieu et l'homme ? C'est précisément là, dans ce rapport incommensurable entre fini et infini, entre faiblesse et perfection, que pour les soufis se joue toute l'affaire. Dieu n'est qu'un idéal, la réalité première, mais le corps à corps avec soi-même constitue le théâtre et l'enjeu. À l'aune de l'absolu, on nous invite à rendre visible le visible. Chaque histoire est un morceau du puzzle, celui de la totalité. Chaque concept révèle l'être, divers angles d'une même réalité, reliée par l'unité, par les mystérieux liens intérieurs. À travers cette excursion, nous entrapercevons bon nombre des méandres de notre existence que normalement nous n'osons pas trop contempler. À chacun de plonger dans cet univers étrange, drôle, paradoxal, simple outil pour penser l'impensable.

 Sagesse des contes soufis

Le soufisme

Le soufisme est une doctrine mystique et une sagesse qui prit naissance et se développa au sein ou en parallèle à l'Islam, et qui réussit à s'y implanter au point de faire parfois échec à la vision orthodoxe de cette religion.

La tradition soufie n'est pas une école de pensée spécifique que l'on pourrait identifier à travers une histoire déterminée. Elle est trop diverse et vaste pour cela. Néanmoins certains thèmes ou caractéristiques semblent de manière incontestable être inhérents et constitutifs de cette tradition. Le soufisme est un phénomène quelque peu insaisissable : il oscille entre une réalité sans nom, ou un nom sans réalité. Il peut être qualifié d'ésotérisme, de mysticisme ou de spiritualité.

Au sein de l'Islam même, le statut du soufisme est problématique. Ceux qui l'emploient de manière positive y perçoivent une recherche de l'essence même de l'Islam. Ils y trouvent une démarche vivifiante, un retour aux idéaux moraux et spirituels, invitant l'être humain à se perfectionner, suivant en cela l'exemple du prophète Mohammed, tandis que ceux qui le critiquent y perçoivent une distorsion de la véritable religion, comme une survivance des superstitions ou une arriération culturelle. Tout comme Socrate s'opposait aux sophistes, les sages soufis sont très souvent opposés aux juristes, ceux qui dictent la loi et jugent, aux hommes de pouvoir, qui ne tolèrent pas la critique, et aux savants, qui ne veulent pas être questionnés.

Une des manières de distinguer l'identité soufie se trouve dans les trois dimensions de l'enseignement coranique : d'une part la soumission aux règles, c'est-à-dire la prière, l'aumône, les ablutions, le pèlerinage, le jeûne ; d'autre part la foi, en Dieu, aux anges, aux prophètes, aux jugements; et enfin, « faire le beau », ce qui signifie « adorer Dieu comme si on le voyait même si on ne le voit pas, car lui nous voit ». Le troisième concept semble être le thème de prédilection des soufis. Il s'agit de cultiver la sincérité, l'amour, la vertu, la perfection. La foi implique un engagement du corps, de l'esprit et du cœur, de l'être tout entier. De là l'importance de l'éducation, de l'élargissement de l'âme, par différents moyens, dont les contes.

Une autre manière de comprendre l'identité soufie se trouve dans l'opposition entre intérieur et extérieur, tension au sein du monde et de Dieu lui-même, tel que nous le percevons. Car de nombreux soufis réduisent les divers attributs de Dieu à une opposition fondamentale : d'un côté, beauté, bonté ou miséricorde, de l'autre, majesté, colère ou sévérité. Les deux s'articulent ensemble, mais ils représentent les deux faces de la divinité. En général, les choses matérielles sont extérieures, elles relèvent de la puissance divine, tandis que le monde spirituel, intérieur, se rapproche de la bonté divine.

L'enseignement soufi est avant tout une pratique, une expérience, seule susceptible d'initier véritablement le croyant. Le but principal de son existence est de parfaire sa jonction avec Dieu, son créateur, et de se consumer en lui : c'est le *fana*, état qui est considéré comme la mort avant la mort. Diverses étapes mènent graduellement vers cette union parfaite.

Selon une image qu'emploient fréquemment les soufis, « lorsque vous décrivez le miel à quelqu'un qui n'en a jamais goûté, vous avez beau user de tous les termes possibles et imaginables pour vous exprimer, vous n'arriverez jamais à lui faire sentir ce qu'est le goût du miel ». Le soufisme est l'école de l'illumination intérieure. Son but est la connaissance de la Vérité par une prise de conscience réelle du cœur et de l'esprit, et non par l'intermédiaire de théories et de raisonnements purement formels.

Le concept d'âme est très important dans le soufisme. Pour le soufi, l'âme existe antérieurement au corps, elle y est confinée comme dans une cage. La mort, réelle ou symbolique, est donc l'objet fondamental des désirs du pratiquant qui retournera par ce biais au sein de la divinité. Cette métempsycose permet à l'âme qui n'a pas pu remplir sa légitime destinée en ce bas monde d'être purifiée et de mériter la réunion avec Dieu.

Pour arriver à ce but, le voyageur rencontre trois étapes nécessaires : l'attraction, acte de Dieu qui tire à lui l'humain pourvu déjà d'une tendance ou inclination, la dévotion, poursuite du voyage vers Dieu et en Dieu, et enfin l'élévation. Néanmoins, le voyage ne peut être accompli seul ; il faut un guide. Le croyant est en premier lieu une personne instruite qui doute de la réelle nature de Dieu, il devient un voyageur, désireux de poursuivre son enquête, se plaçant sous l'autorité spirituelle d'un maître qui lui fait servir Dieu, jusqu'à ce que l'influence divine lui fasse atteindre l'étage de l'amour. L'amour divin, enlevant alors tout désir mondain de son cœur, le fait arriver à l'isolement : il mène dès lors une vie contemplative, et attend l'illumination directe, ou extase. Après avoir reçu une révélation de la vraie nature de Dieu, il arrive à l'union avec Dieu. Il ne peut aller plus loin : c'est seulement à sa mort qu'il arrivera au degré ultime, l'absorption en la divinité. Durant le processus, les guides soufis inventent des formes variées de dévotion qui servent à développer la vie spirituelle, dont les contes dont nous traitons ici.

1/ Le long voyage de Fatima

La vie est-elle une mise à l'épreuve ?

Il était une fois une jeune femme nommée Fatima, fille d'un commerçant très prospère, qui habitait au Maghreb. Le père décida un beau jour de partir avec elle en voyage d'affaires, de l'autre côté de la Méditerranée. « Peut-être pourras-tu trouver un bon époux », lui dit-il. Après quelques heureuses escales, où le père fit de bonnes affaires et où Fatima rêvait de son futur mari, le bateau fit naufrage sur la rive égyptienne. Le père se noya et Fatima se retrouva perdue, dans le dénuement le plus total. Heureusement, elle fut recueillie par une famille de drapiers, pauvres, qui l'hébergèrent et lui apprirent les rudiments de leur art. Au bout d'un certain temps, elle finit par se réconcilier avec son sort malheureux.

Un jour où elle se promenait le long du rivage, des trafiquants d'esclaves la saisirent de force et l'emmenèrent jusqu'à Istanbul. Ils la traitèrent durement, et la pauvre Fatima se plaignait amèrement de son sort : elle était malheureuse. Lorsqu'elle fut exposée sur le marché, un fabricant de mâts qui cherchait des ouvriers eut pitié d'elle, qui était si triste. Il l'acheta pour lui offrir une vie plus douce, comme servante de sa femme. Mais en arrivant chez lui, cet homme apprit qu'il était ruiné, car des pirates avaient saisi son unique navire ainsi que toute sa cargaison. N'ayant plus les moyens d'employer des ouvriers, il se mit à construire des mâts lui-même, avec l'aide de sa femme et de Fatima, ce qui représentait un dur labeur. En guise de reconnaissance, Fatima travailla âprement, et au bout d'un certain temps, ils connurent à nouveau la prospérité. Le patron finit par l'affranchir, fit d'elle son associée et elle connut à nouveau un certain bonheur.

Un jour, il décida d'envoyer Fatima avec une cargaison de mâts de l'autre côté des mers, en Asie, pour les vendre avec un meilleur profit. Mais le navire, pris dans un ouragan, fit naufrage. Fatima réussit avec peine à rejoindre le rivage. Elle se lamentait, pensant que sa vie était une catastrophe permanente, car à chaque fois qu'elle était heureuse, ses espoirs se trouvaient anéantis. « Pourquoi faut-il toujours que je connaisse le malheur ? » s'écria-t-elle, en larmes, couchée sur le sol. Mais comme personne ne lui répondait, elle se releva et se mit à marcher vers l'intérieur des terres.

Sans le savoir, elle était arrivée en Chine. Or, il y circulait depuis des siècles une légende, selon laquelle une étrangère arriverait un jour et fabriquerait une tente pour l'empereur. Dans ce pays, nul ne savait ce qu'était une tente ni comment la faire. Mais on espérait toujours que la prophétie se réaliserait. Aussi, au début de chaque année, des hérauts parcouraient la contrée, en annonçant partout que toute étrangère arrivant dans le pays devrait être immédiatement conduite au palais. Lorsque les gens virent Fatima arriver dans leur ville, ils lui expliquèrent qu'elle devait se rendre immédiatement à la cour, et l'y accompagnèrent.

Une fois devant l'empereur, on lui demanda si elle savait faire une tente. Elle répondit que oui, et demanda de la corde. Malheureusement, il n'y en avait pas. Mais elle se souvint de son travail de fileuse : elle ramassa donc du lin et confectionna des cordes. Ensuite, elle demanda du drap et il n'y en avait pas. Mais elle se souvint de son travail de tisserand et fabriqua le drap. Enfin, elle demanda des piquets, qui n'existaient pas non plus. Mais elle se souvint de son travail sur le bois, et elle fabriqua elle-même les piquets. Puis, se remémorant les diverses tentes qu'elle avait vues et habitées, elle en fabriqua une.

Lorsque l'empereur vit le résultat, il fut émerveillé. En guise de récompense, il offrit à Fatima d'exaucer tous ses vœux. Elle décida d'épouser un jeune prince et de rester en Chine, où elle eut de nombreux enfants, vécut heureuse et très longtemps.

Le sevrage

L'histoire de Fatima tend à résumer celle de tout un chacun. Le prénom « Fatima » signifie littéralement « l'enfant qui vient d'être sevré ». On pourrait dire qu'il s'agit d'une histoire de sevrage. Au début, tout va bien, comme pour l'enfant en **fusion** avec sa mère. Le père est riche, il pourvoit à tous les besoins. Mais à l'instar d'Ulysse, elle découvre que trouver sa voie est une véritable **aventure**, pleine de péripéties. La vie n'est pas une suite d'étapes qui s'enchaînent naturellement, de manière prévisible et selon nos desseins, mais une suite d'événements plus ou moins fortuits auxquels il faut s'adapter, de défis qu'il s'agit de relever, de situations adverses où il nous faut combattre. Accepter cette réalité et l'affronter, cela peut s'appeler **grandir**.

Le sevrage dont Fatima tire son nom correspond à l'une des premières crises que traverse le petit enfant, une autre forme de coupure du cordon ombilical. C'est une **séparation**, celle de la matrice, terme qui indique à la fois l'origine d'un être et l'environnement dans lequel il évolue et se développe. Notons d'ailleurs que nulle part il n'est fait référence à la mère de Fatima : détail qui insiste sur la réalité du sevrage de cette jeune femme. Dès le début, elle cherche un mari, ce qui indique qu'elle est prête à partir du domicile familial ; elle n'a plus de mère parce qu'elle s'apprête elle-même à le devenir, qu'elle aspire à son statut de **femme**, ce qui implique la séparation d'avec sa propre mère.

La quête

Chez Fatima comme chez son père, il existe une certaine **insatisfaction**, à l'origine d'une quête. Ce sentiment, très humain, prend différentes formes. D'une part, chez le père qui souhaite faire de meilleures affaires. En effet, il est dans la nature de l'activité commerciale, comme dans bien d'autres, d'en vouloir toujours plus. La quête de la fortune est sans doute l'une des expressions les plus manifestes de l'insatiabilité du désir humain, avec la poursuite de la gloire et du plaisir. Il semble que toute réussite en ce domaine entraîne naturellement de nouveaux désirs, plus intenses et plus étendus, au risque de la **démesure**. C'est sans doute celle-ci qui est punie, à travers ce **naufrage** dont le père ne reviendra pas.

Être « homme d'affaires » exprime la nature commune et banale de l'homme : sa matérialité et sa poursuite de biens tangibles. On pourrait trouver là le premier degré de l'humanité. En même temps, le père, sans le savoir peut-être, est animé par une autre quête. Il veut partir, prendre des risques en abandonnant son ancrage, sa demeure. Pour aller où ? Vers l'orient, vers l'horizon lointain où le soleil se lève, vers le lieu d'où la lumière provient, vers l'originaire : un voyage d'Extrême-Occident en Extrême-Orient, que seule accomplira sa fille, à sa place. C'est que la vie, la quête que représente l'existence humaine, ne se cantonne pas à l'individu : elle est **continuité** et ainsi, elle dépasse sa propre finitude. Sans doute est-ce pour cela qu'instinctivement nous nous reproduisons. Aussi, sous le déguisement d'une quête matérielle, se profile un désir spirituel. L'ombre métaphysique rode dans tous les actes humains et nous ne pouvons échapper à la double **perspective matérielle et spirituelle**, quand bien même nous ne nous en rendons pas compte.

Ainsi notre homme veut aller vers le soleil levant, vers l'origine de la lumière, bien que ce soit pour y faire des affaires. Et il n'oublie pas sa fille, puisqu'il n'exclut pas de lui trouver dans cette excursion un bon mari. Ce qui pour elle est le souci premier n'est pour lui qu'une possibilité secondaire : ainsi en va-t-il du fossé des générations. En dépit de la continuité de la vie et des générations qui se suivent, on rencontre malgré tout des distinctions qui opposent les êtres singuliers. Nous avons donc trois quêtes qui se superposent : la quête matérielle, la quête spirituelle et la quête existentielle, qui constituent à elles trois l'ensemble de ce qui nous anime, c'est-à-dire la quête du **monde**, la quête de la **transcendance** et la quête de la **singularité**.

Le drame de l'existence

Examinons maintenant le comportement de Fatima à travers son épopée. Tout d'abord, elle est la jeune fille satisfaite et rêveuse, naïve, romantique et pleine d'espoirs, qui ne connaît pas encore la vie. Une attitude qu'elle maintiendra tant qu'elle n'expérimentera pas le drame. Mais celui-ci finit par arriver, de manière tragique, puisqu'elle perd en un seul événement tout ce qu'elle avait : sa tranquillité, sa protection, sa richesse, etc. Elle découvre soudain la solitude et le dénuement, la réalité de l'être singulier, ce que l'on peut nommer le véritable sevrage. Fatima mérite enfin son nom. Elle est recueillie par des drapiers pauvres, qui vivent du travail de leurs mains. Avec eux, elle apprend la dure réalité du monde : la misère, la difficulté, mais aussi l'apprentissage d'un métier. Ce dernier point est très important, comme nous le verrons, pour le dénouement de l'histoire. Fatima était une enfant dépendante, comblée et heureuse, puis une pauvre victime impuissante et souffrante, et elle acquiert maintenant une certaine **puissance** grâce au travail qui est un mode de transformation de l'environnement et une manière de subvenir à ses propres besoins. De ce fait, elle souffre moins, et apprend à **accepter** son sort, c'est-à-dire qu'elle se réconcilie avec la réalité, avec le monde et avec elle-même.

À travers son histoire, nous observons une oscillation entre ces trois moments émotionnels : **satisfaction**, puis **angoisse** ou désespoir, et enfin **réconciliation**, divers moments liés aux événements et aux étapes de la vie. Lorsque survient le drame, comme dans toute situation difficile, pendant un moment plus ou moins long, nous souffrons, et la souffrance nous empêche de penser et de réagir de manière adéquate. La sagesse ou la fortitude consiste justement à dépasser ce stade, à prendre sur soi, à aller au-delà de la douleur. Au fil de l'apprentissage, il s'agit de faire rétrécir ce temps de latence, jusqu'à le voir pratiquement disparaître, idéal régulateur certes difficile à réaliser. À travers ces divers drames, qui composent l'épopée humaine, se constitue lentement notre existence singulière.

Providence et sagesse

Au fur et à mesure de la narration, le même cycle se reproduit : après chaque moment terrible, causé en général par la fatalité, Fatima reprend le dessus. Nous remarquerons sur ce point que ce qui lui permet de s'en sortir est une combinaison de facteurs : une **providence** qui fournit des circonstances favorables, la rencontre avec des **personnes** de bonne volonté, et sa propre bonne volonté, manifestée par son acceptation de vivre dans le dénuement, par sa faculté à travailler dans un contexte difficile, et par sa capacité de reconnaissance, par sa **générosité**. En un premier temps, pour le bien comme pour le mal, les événements sont produits par une combinaison d'éléments fortuits (par exemple, les forces de la nature) et d'éléments humains extérieurs (les personnes qui agissent contre ou selon la morale). Par rapport à cela, Fatima réagira de diverses manières, mais sa **volonté** et le bien qui en découle finiront en général par primer. L'idée étant de nous montrer que la persévérance, la patience, la force de caractère finissent toujours par triompher. Jusqu'à la conclusion « chinoise » de l'histoire, qui récapitulera la totalité de son existence, accordant rétrospectivement du sens et de la valeur à chacun des moments qu'elle aura vécu, lui procurant désormais un bonheur que l'on pourrait qualifier de parfait. Ce seront à la fois les compétences techniques assimilées dans le travail et la grandeur d'âme acquise en surmontant les épreuves qui lui permettront de devenir elle-même, de se réaliser, de devenir femme, mère, c'est-à-dire une « reine », **un être accompli**. Elle termine le voyage vers l'orient que son père avait inauguré, sans savoir que la « fortune » qui s'y trouve est autre que celle à laquelle il s'attendait.

Il est intéressant d'observer que juste avant la dernière péripétie qui représente sa « victoire » définitive sur la fatalité, se trouve le moment où Fatima désespère le plus. « Pourquoi faut-il toujours que je connaisse le malheur ? » se plaint-elle. Ce « toujours » semble la condamner à une éternité impossible de victime souffrante et impuissante. Mais c'est justement au bord de ce gouffre que se trouve son ultime salut. Et son statut d'étrangère, qui fait d'elle une exclue, fait aussi d'elle une **élue** : celle qui pourra accomplir ce que nul autre ne sait faire. Nous pouvons penser à une version féminine du fameux poème de Rudyard Kipling : « Si tu peux voir détruit l'ouvrage de ta vie, et sans dire un seul mot te mettre à rebâtir… Tu seras un Homme, mon fils ! »

Quelques questions
pour approfondir et prolonger

Compréhension

– Que recherche principalement le père de Fatima ?

– Qu'espère Fatima de la vie ?

– Pourquoi le travail joue-t-il un rôle important dans cette histoire ?

– Qu'apprend Fatima au fil du temps ?

– Pourquoi la vie aventureuse de Fatima prend-elle fin ?

– Que représente la Chine dans cette histoire ?

– Pourquoi Fatima a-telle besoin d'un mari ?

– Pourquoi les pays lointains sont-ils plus prometteurs ?

– Comment Fatima se réconcilie-t-elle avec son sort ?

– Que représentent tous ces naufrages dans la vie de Fatima ?

Réflexion

– Le travail est-il essentiel à la vie ?

– Le malheur est-il utile ?

– Sommes-nous tous le jouet du hasard ?

– L'être humain est-il fondamentalement seul ?

– La vie est-elle nécessairement une épreuve douloureuse ?

– La vie doit-elle avoir un but ?

– La fortitude est-elle une fin ou un moyen dans l'existence ?

– L'homme est-il un animal insatisfait ?

– La providence existe-t-elle ?

– Pourquoi l'homme veut-il s'enrichir ?

2/ Le perroquet

Sommes-nous prisonnier de nous-même ?

Un marchand possédait un perroquet, qu'il gardait dans une grande cage. Il tenait beaucoup à lui, car l'animal parlait fort bien. Un beau jour, comme le marchand devait partir en Inde, pays dont l'oiseau était originaire, il demanda à l'oiseau quel présent lui ferait le plus plaisir, afin de le lui ramener. Celui-ci répondit sans hésiter : la liberté. Comme l'homme refusait, le perroquet lui dit alors : « Va dans la forêt à l'extérieur de la ville, et lorsque tu verras des perroquets dans les arbres, donne-leur de mes nouvelles, raconte-leur ce qui m'arrive, comment je suis condamné à vivre dans une cage. Demande-leur de penser un peu à moi lorsqu'ils volent gaiement d'arbre en arbre. »

Une fois arrivé en Inde, après avoir terminé ses affaires, l'homme se rendit dans la forêt et accomplit ce que son oiseau lui avait demandé. À peine avait-il terminé de parler qu'un perroquet, semblable au sien, tomba à terre, inanimé, au pied de l'arbre où il était auparavant perché. L'homme s'attrista d'avoir causé la mort de l'oiseau, et se dit que celui-ci devait être un proche parent de son perroquet, très choqué par la funeste nouvelle qu'il avait rapportée.

Lorsqu'il fut de retour chez lui, le perroquet demanda au marchand s'il rapportait de bonnes nouvelles de la part de ses congénères.

— Hélas non ! J'ai bien peur de n'avoir pour toi que de pénibles paroles. Vois-tu, comme tu me l'avais demandé, je me suis rendu dans la forêt afin de faire part de ton message aux perroquets qui s'y trouvaient. Mais lorsque j'ai mentionné ta captivité, l'un de tes proches parents s'est immédiatement effondré à mes pieds.

Il avait à peine prononcé ces mots que l'oiseau s'effondra lui aussi, comme foudroyé, au fond de la cage.

— Ces oiseaux sont vraiment sensibles, se dit le marchand, surpris, l'annonce de la mort de son frère l'aura tué sur le coup !

Désolé d'avoir perdu l'animal auquel il tenait tant, l'homme ramassa l'oiseau et le posa sur le bord de la fenêtre, en attendant. Mais à l'instant même, l'oiseau sembla reprendre vie et s'envola sur la branche la plus proche. De là, il interpella le marchand afin de lui expliquer ce qui s'était passé.

— Ce que tu as pris pour une annonce malheureuse était en fait une excellente nouvelle : il s'agissait d'un conseil avisé. À travers toi, mon geôlier, on m'a suggéré une stratégie pour échapper à mon triste sort et recouvrer ma liberté. En fait, on m'a fait comprendre : « Tu es en prison parce que tu parles. Fais donc le mort, et tu seras libre. »
Et le perroquet s'enfuit à tire-d'aile, libre enfin.

Au début de l'histoire, le perroquet demande à son maître qui le sollicite le cadeau de la liberté. À ce moment-là, il ne réalise pas que cela ne se demande pas : la liberté ne peut venir que de soi. C'est un phénomène répandu que cette **illusion**, qui consiste à penser que notre absence de liberté serait causée par des contraintes externes, la libération proviendrait donc de la disparition desdites contraintes. Dans une telle logique, nous sommes dépendants du bon vouloir d'autrui, de transformations dont nous ne sommes pas maîtres, de la disparition d'**obstacles** qui nous semblent insurmontables. Dans ses *Entretiens*, Épictète écrit que : « Les choses qui dépendent de nous sont libres par leur nature, rien ne peut ni les arrêter, ni leur faire obstacle ; celles qui n'en dépendent pas sont faibles, esclaves, dépendantes, sujettes à mille obstacles et à mille inconvénients, et entièrement étrangères. » Puis il explique que le malheur des hommes vient justement de ne pas savoir distinguer les deux, de prendre l'une pour l'autre.

L'histoire spécifie le fait qu'il n'hésite même pas, ce qui nous montre à quel point sa demande est compulsive et non raisonnée. Il ne réfléchit pas, il ne joue pas, il est dans la **survie**, dans la **douleur**, dans le **besoin**. Et en guise de consolation, il demande à son maître de faire part de son désarroi à ses congénères. Celui-ci accepte de faire le messager, dans un sens puis dans l'autre, provoquant la « mort » à chaque fois. Il s'attriste de cet état des choses, qu'il ne comprend pas, y voyant un excès de sensibilité. On peut ici penser à la phrase d'Horace Walpole : « Ce monde est une comédie pour ceux qui pensent, une tragédie pour ceux qui sentent. » C'est justement parce qu'il se met à penser que le perroquet comprend la farce qui a été jouée à son maître, celle qu'il peut à son tour exécuter, et c'est ainsi qu'il recouvre la liberté. C'est en agissant, en se distanciant de lui-même qu'il a enfin raison de son maître.

La parole

La parole est un terme plus ambigu qu'il n'y paraît en général. On utilise facilement l'expression « liberté de parole », et « empêcher de parler » semble une privation fondamentale de liberté. Avec la raison, la parole semble être l'apanage principal de l'être humain. À travers cette parole, l'homme construit, établit, affirme son être. Et comme toujours dans les histoires soufies, l'**évidence** est néanmoins mise en doute. Ainsi le héros de cette histoire est un perroquet : un des rares animaux qui parlent comme les humains. Bien entendu, il ne sait pas ce qu'il dit, il est privé de conscience, de raison. Il est dans de nombreuses cultures le symbole d'une parole privée de sens, où l'on ne fait que répéter les sons entendus. C'est un semblant de parole, qui ne dit rien. Trop souvent, celui qui parle ne sait pas ce qu'il dit : il s'exprime, mais ne pense pas.

En ce sens, la parole peut alors être considérée comme une prison : celle du **bruit**, de l'inconscience, de la compulsion. Et c'est ce que doit découvrir le perroquet pour enfin recouvrer la liberté. « Tu es en prison parce que tu parles », a-t-il appris. C'est pour le « bruit » qu'il produit que sa compagnie est prisée par les humains. Tout est bon pour fuir le silence, ou pour ne pas se retrouver seul, face à soi-même. Peu importe le contenu, l'important est de se griser de paroles. Se taire nous coûte, l'absence de réponse d'autrui est prise comme un manque de respect, voire une agression. C'est une grande marque de confiance que d'être en présence d'autrui sans lui parler, sans ressentir une angoisse, sans pour autant prendre ce silence pour de l'indifférence, de la froideur ou du rejet.

Le perroquet est dans la plainte, dans la détresse et le découragement : il en est rendu à **mendier**. Parole incontrôlée qui ne fait que renforcer son impuissance, son manque d'être. La parole s'oppose ici à l'**action**, ou à la raison, elle n'est que simulacre de sens et d'existence : en instaurant une certaine complaisance, elle fabrique sa propre geôle. Il vaudrait mieux en effet apprendre à se taire, afin de ne plus s'écouter, quand bien même faire silence semble équivalent au fait de mourir.

Mourir

Cette histoire rend compte explicitement du concept de mort à soi, fondamental dans la pensée soufie. Comme nous l'avons vu, le perroquet est **prisonnier** de sa propre parole. Pour se libérer de cet état des choses, il se doit de mourir à lui-même, comme lui indique son congénère de la forêt. Certes, il ne meurt pas vraiment, « ce n'est que du théâtre », pourrait-on dire, « un truc que l'animal utilise pour se jouer de son maître ». Mais ce qui constitue cette objection représente justement l'essentiel de ce **« mourir à soi »**. « Qui apprendrait les hommes à mourir leur apprendrait à vivre », écrivit Montaigne, s'inscrivant ainsi dans la tradition antique, platonicienne ou stoïcienne. Or cela ne veut pas dire qu'il s'agit simplement d'être prêt pour le « moment final ». Cela implique de s'initier au lâcher prise, c'est-à-dire de renoncer à tout contrôler, de cesser de toujours vouloir notre « propre bien ». C'est faire confiance, c'est abandonner la poursuite immédiate et compulsive de ce qui nous tient à cœur, c'est contempler avec distance notre propre existence, c'est ne plus chercher à assurer notre propre bonheur comme condition d'être heureux, c'est **se détacher** de nos désirs les plus ardents et de nos craintes les plus prégnantes. Il faut être là sans être là, comme condition d'être là. Il est un célèbre *hadîth* (passage du Coran) qui dit : « Sois dans ce bas monde tel un immigré, ou un passager, considère-toi parmi les gens des tombes. » Notre présence en ce bas monde n'est que forme, en essence nous vivons dans l'autre monde, si notre vertu nous y autorise.

C'est ainsi que le perroquet, par le biais du concept de « mort », réalise que trop obnubilé par son statut de prisonnier pleurant sur son sort, il ne sait plus y échapper. Pour se libérer, il doit s'aliéner, c'est-à-dire échapper à sa sincérité, à ses sentiments, à son urgence existentielle, et le rôle de « mort » représente en fait une **mise en abyme** de son être immédiat.

Exil et originel

Lorsqu'on nous présente le perroquet au début de l'histoire, on apprend d'une part qu'il est prisonnier, mais d'autre part qu'il est en exil, très éloigné de chez lui puisque ses **origines** se trouvent en Inde, Orient mythique, ici symbole d'un paradis inaugural. Or c'est de ce lieu éloigné qu'il recevra le message ou l'enseignement nécessaire à sa libération. Cela fait écho à certains concepts de l'idéalisme allemand, comme chez Hölderlin. On retrouve chez ce dernier un rapport très fort à la **symbolique du mythe**, avec le concept du retour à l'originel. L'origine est un archétype : il représente le lieu de l'archaïque, du chaos, du divin, sorte de fondement ou de totalité riche, innocente et inconsciente, vers lequel l'esprit peut ou doit se retourner et plonger pour y découvrir les vérités cachées. Hegel reprend cette intuition pour faire passer l'être d'une existence implicite et pauvre à la plénitude de l'acte, permettant la mise en œuvre des virtualités de l'esprit, ce qui représente le moyen d'un devenir historique au travers d'un rapport explicite à l'absolu : le *urgrung*, la cause profonde, le **fondement**. Le perroquet s'est accompli existentiellement en retrouvant l'absolu métaphysique.

La forêt, cet endroit mystérieux et touffu, est le lieu d'où reviendra le message codé, transporté par un messager qui en ignore le contenu réel. Seul celui qui est « prêt » pourra en saisir le **sens profond**, ce qui semble être le cas de notre perroquet, mais pas celui du maître. Lorsque l'homme ira dans la forêt, comme prédit, il rencontrera des perroquets. En ce lieu mystérieux se trouve la réponse, qui ressemble à l'originel archaïque décrit par Hölderlin. On peut y voir une sorte d'oracle dépersonnalisé, animal ou sylvestre. Et comme dans tout **enseignement** de ce type, on y détecte uniquement ce que l'on peut y trouver : chacun est renvoyé à lui-même. C'est en ce sens que l'enseignement y est invisible, que l'apprentissage y est indirect. Ce n'est pas une morale spécifique qui est offerte, ce n'est pas un système de pensée, mais quelque chose qui fait écho à la totalité de l'expérience. C'est ainsi que le perroquet comprend qu'il est en fait prisonnier de lui-même et de sa fonction. Il décèle de la signification là où l'homme trouve uniquement des faits. Bizarrement, le perroquet semble se trouver plus préparé que l'homme à saisir la réalité du monde. Sans doute parce que le premier sait qu'il est captif, tandis que le second se croit libre, alors que lui aussi est prisonnier de sa fonction : marchand, il ne connaît que les réalités matérielles. L'oiseau n'est pour lui qu'un objet, une commodité. On peut imaginer sa stupeur à la conclusion de l'histoire : il est le véritable **exilé**. C'est sans doute à lui que nous, lecteur, ressemblons, plus qu'au perroquet.

Quelques questions pour approfondir et prolonger

Compréhension

– Le marchand garde-t-il son perroquet parce qu'il l'aime ?
– Pourquoi l'homme obéit-il au perroquet ?
– Le perroquet se doutait-il des conséquences de sa demande ?
– Quelle est la différence entre les divers perroquets de l'histoire ?
– Que pourrait symboliser le voyage du marchand ?
– Pourquoi le perroquet comprend-il mieux « l'histoire » que le marchand ?
– Qu'a appris le perroquet dans cette histoire ?
– Que représente la « mort simulée » dans cette histoire ?
– Pourquoi est-ce un perroquet qui est le héros de cette histoire ?
– Le perroquet aurait-il pu agir par lui-même ?

Réflexion

– Sommes-nous prisonnier de notre propre parole ?
– Pour quelles raisons principales parlons-nous ?
– Sommes-nous conscient de la nature et des conséquences de nos paroles ?
– Pourquoi le silence est-il parfois pénible ?
– La mort peut-elle être une nécessité ?
– Pourquoi certaines personnes comprennent et d'autres non ?
– Nait-on libre ou le devient-on ?
– Les autres nous empêchent-ils d'être libre ?
– Faut-il mentir pour être libre ?
– En quoi l'être humain est-il toujours un exilé ?

3/ Les grenades

Le savoir est-il en soi un pouvoir ?

Il était une fois un jeune homme qui étudiait la médecine avec un maître soufi, qui était aussi médecin. Après quelques années passées sous sa tutelle, il lui demanda un jour :

— Maître, lorsque le prochain patient se présentera, laisse-moi, je t'en prie, m'occuper de lui. Je voudrais faire mes preuves !

— Je ne pense pas que tu sois encore prêt, répondit le maître, mais nous allons faire une expérience. Je vais te laisser faire, et nous verrons bien ce qui se passera.

Peu de temps après, ils étaient assis devant la maison, lorsqu'un homme s'approcha. Le maître dit immédiatement au disciple :

— Cet homme est visiblement malade.

L'élève regarda son maître d'un air étonné.

— Comment le savez-vous ?

— Regarde son visage et la teinte de sa peau, continua le maître, il a besoin de grenades pour guérir.

Lorsque l'homme fut près d'eux, l'étudiant se leva et l'aborda avec ces mots :

— Tu es malade !

— Eh oui ! répondit l'autre. Je le savais déjà ! Pourquoi donc pensez-vous que je viens voir le docteur ?

— Il te faut manger des grenades, ordonna le jeune homme.

L'homme exprima sa surprise.

— Des grenades ! Et pourquoi donc des grenades ? C'est tout ? Cela fait des semaines que je ne me sens pas bien.

Et il s'en alla, déçu.

Le jeune homme se tourna vers le maître :

— Mais qu'est-ce qui ne va pas ? Qu'ai-je fait de mal ?

Le maître sourit doucement.

— Attends qu'un cas similaire se présente et je te montrerai.

Le jour suivant, ils étaient tous deux assis sur le pas de la porte lorsqu'un autre homme s'avança vers eux.

— Laisse-moi faire ! Tu vas comprendre le problème, dit le maître, car il se trouve que cet homme a lui aussi besoin de grenades.

 Sagesse des contes soufis

Le médecin commença par faire entrer le malade et le fit asseoir. Puis il lui demanda de se dévêtir et le considéra longuement. Enfin, il lui posa diverses questions, plus ou moins anodines.

— Ah oui, je vois… Votre cas est très intéressant, et plutôt rare, en effet ! Et je vois que vous souffrez. Attendez un peu que je réfléchisse… Ce qui est indiqué dans un cas pareil, c'est un remède naturel, bien sûr. Tenez ! Un fruit, peut-être… Avec de nombreux pépins… Du citron ? Non, cela risque d'être trop acide pour vous, et mauvais pour votre estomac. Voyons… Ah ! je sais ! Des grenades. C'est exactement ce qu'il vous faut ! Des grenades…

Le docteur regardait en même temps son patient comme s'il venait de faire une grande découverte.

Le malade, très satisfait, lui exprima toute sa reconnaissance, le paya, et s'en retourna chez lui fort heureux.

Le jeune homme, agacé, dit alors :

— Je ne comprends pas ! Je ne vois aucune différence. C'est exactement ce que j'ai dit hier à l'autre malade : il vous faut des grenades !

— Certes, mais vois-tu, ces deux hommes, plus encore que de grenades, avaient besoin de temps.

Savoir, c'est pouvoir. Cela peut nous expliquer pourquoi l'apprenti médecin de cette histoire est soucieux d'exercer au plus vite la science qu'il étudie depuis un certain temps. Plutôt que d'**approfondir** ce qu'il sait déjà en observant son maître, il veut exercer son pouvoir. Il est moins soucieux du bien-être du malade, qui aurait intérêt à consulter la personne la plus compétente, que de faire ce qu'il lui plaît, ce qui pose aussi un problème éthique à son statut de médecin.

Certes, on pourrait objecter à cela qu'il veut apprendre en pratiquant, mais le côté fébrile de son comportement, auquel s'oppose son maître, montre qu'il est animé par une pulsion quelque peu infantile. À l'opposé, son maître, bien qu'il pense qu'il est encore trop tôt et que son élève n'est pas encore prêt, le laisse faire. Il fait confiance au principe de **réalité** : l'élève apprendra par lui-même en observant ce qui se passe, en subissant les conséquences de ses actions. Plus encore que par la connaissance technique de la médecine, c'est par son attitude confiante et patiente qu'il fait preuve de son art. Le véritable pouvoir ne s'exerce pas directement, mais en connaissant et en utilisant les processus naturels du monde, ce que les soufis nomment **« les correspondances internes »** qui tissent la réalité.

Le jeune homme est pressé, c'est ce que montre son comportement par rapport au malade. Immédiatement, sans prendre le temps de quoi que ce soit d'autre, il lui assène « la vérité ». Il décrète, afin de montrer ce qu'il sait, et bien entendu qui il est. Il est « celui qui sait ». Le savant a une belle image, l'ignorant une image médiocre. Mais l'avantage d'un savoir expérimental, comme celui du médecin, est qu'il n'en reste pas au simple statut d'opinion subjective : il se vérifie à travers des **actes** et leurs **conséquences**.

Nous découvrons que la « vérité » ne se manipule pas sans **précaution**. La vérité est âpre, crue et cruelle, elle est un instrument tranchant et brûlant, qu'il s'agit d'apprendre à connaître, à apprivoiser et à manipuler, afin de se laisser travailler par elle comme condition première de son utilisation. Il est facile de parler ouvertement à autrui, mais beaucoup moins d'entendre ce que l'autre exprime. C'est ce qu'il en est de notre apprenti médecin, qui s'empresse à la fois de dire au patient qu'il est malade, et de lui ordonner ce qu'il doit faire. Ce dernier réagit avec une des nombreuses stratégies que connaît l'être humain pour éviter la douleur que cause la vérité. Tout d'abord, par rapport à la rudesse du jeune homme, il rétorque par le classique : « Je le savais déjà. » Certes, il le savait peut-être déjà, mais il aurait pu répondre « en effet » ou bien « vous avez raison », qui aurait été moins agressif ou revendicatif. On voit que sa situation désagréable et inquiétante de malade, mêlée au manque de tact du « médecin », provoque une réaction vive qui est un simple **mécanisme de défense**. D'ailleurs, pour montrer que lui aussi « sait » et qu'il détient aussi un pouvoir, il tente de donner une leçon de logique au jeune homme, en lui montrant l'**évidence** de ses propos : « Pourquoi donc pensez-vous que je viens voir le docteur ? »

Toujours inconsciemment dans cette quête de **pouvoir**, qui passe principalement par l'affirmation de soi et par celle d'un savoir, l'apprenti lance une seconde affirmation catégorique et péremptoire : « Il te faut manger des grenades. » Bien entendu, le « patient » qui n'est déjà pas très disposé à ce manque de reconnaissance de son individualité, réagit à nouveau plutôt mal à cette « vérité » peu amène, à ce « il faut » bien raide. Passablement déçu et en manque de confiance, il rechigne et questionne le bien-fondé d'une telle prescription, qui semble au demeurant trop banale et ne pas honorer la spécificité et l'ampleur de sa souffrance, et donc de son être. L'observateur attentif remarquera d'ailleurs l'**ostentation** avec laquelle certains malades portent et mettent en avant leurs pathologies. Tout autant que d'autres au contraire cacheront leur maladie qui semble plutôt les priver de l'image qu'ils voudraient se donner.

Toujours est-il que notre homme prend avec le plus grand dédain la prescription qui lui est offerte si gracieusement. Et notre apprenti reste interloqué à la réception très négative de cette vérité, d'une part parce qu'elle relève d'une certitude inébranlable pour lui, d'autre part parce qu'elle incarne son pouvoir. Pourquoi un « ignorant » refuserait-il de manière aussi cavalière les lumières de la **science** ? Il ne comprend pas, et interpelle son maître à ce sujet, qui ne peut s'empêcher de sourire d'une telle naïveté. Après tout, son élève ne souffre-t-il pas de la même **pathologie** que le patient déçu ? Le rejet de la vérité est trop âpre pour être accepté : nous préférons avoir raison.

Patience et confiance

Plutôt que d'expliquer par des mots ce qui pourrait ne servir à rien, entraînant uniquement une **réaction dubitative** ou de vives dénégations de la part de son élève, le maître préfère lui en faire la démonstration.

Quelle est donc la différence lorsque le malade consulte la fois suivante et qu'il est content d'une prescription identique ? « Le temps » répond le maître à son élève, perplexe et agacé. Il s'agit ici d'un **temps psychologique**, le rythme de quelque processus inconscient qui opère dans l'esprit du patient. Tout d'abord, le médecin joue le rôle d'un penseur qui admire la maladie, ce qui accorde une **valeur** au phénomène : difficile, intéressant et rare. Ensuite, il exprime de l'**empathie**, de la compassion, accompagnant ainsi le malade. Enfin, il lui vante le médicament. Il présente la prescription à la fois comme le résultat d'un processus de réflexion et comme l'effort de faire au mieux pour la personne. Il le fait participer de sa joie de la découverte, accompagnant du geste et du regard ses paroles, pour assurer l'**assentiment** de son interlocuteur.

Certes, on pourrait accuser le médecin de pratiquer la **rhétorique**, d'être dans un schéma de manipulation ou de séduction, et l'on n'aurait pas tort. Mais de la même manière, on pourrait dire de lui qu'il est un **pédagogue** : c'est-à-dire de se soucier de la personne en face de lui, ainsi que de l'effet que peuvent avoir ses paroles, afin d'être efficace.

Il s'agit bien d'impressionner ou de persuader autrui par le **comportement** et le **langage**. C'est ce que ne comprend pas le jeune homme, fier de sa science ; il ne s'aperçoit pas qu'il a une véritable personne en face de lui, qu'il est nécessaire de prendre en charge, avec les précautions qui s'imposent. La vérité ne saurait s'imposer brutalement, sans quoi elle n'opère pas. L'efficacité est d'ailleurs une des formes importantes de la vérité, comme on le sait en science, par l'expérimentation. Dans un cadre « pédagogique », où l'efficacité repose sur la compréhension et la prise en charge d'autrui, on ne dit pas son « savoir », on cherche à agir pour le mieux, ce qui implique de ne pas être dans la pulsion de « sincérité ». Il s'agit donc de **mentir**, par omission ou par commission, en déterminant ce que l'on dit principalement pour des raisons d'efficacité. À ce point, une distanciation doit s'effectuer entre soi et soi, afin de se centrer sur autrui, ce qui implique une forme d'**ascèse**.

Ainsi le jeune homme est agacé de ne pas savoir, ni même comprendre de quoi il retourne. Sans compter le fait de découvrir que son savoir n'est pas en soi un pouvoir, il lui manque encore quelque chose, ce qui est terriblement frustrant. Il ne peut que répéter, de manière obsessive et stupide, comme hébété : « C'est exactement ce que j'ai dit hier… » Il montre ainsi au lecteur le lent **travail de l'esprit** qu'il lui reste à faire. Et lorsque le médecin explique la situation en affirmant : « ces deux hommes avaient besoin de temps », c'est aussi de son élève qu'il parle. La condition du pouvoir, montre-t-il, c'est de l'**abandonner**, ou en tout cas de ne pas chercher à le **montrer**, nerveusement et précipitamment, ne serait-ce qu'en différant son action dans le temps, ce qui à la fois nécessite et engendre la confiance.

Compréhension

– Pourquoi le jeune homme tient-il à faire ses preuves ?
– Comment le médecin pouvait-il savoir que son élève n'était pas prêt ?
– Quelle erreur principale commet le jeune homme ?
– Pourquoi le premier patient est-il déçu ?
– Pourquoi le second patient est-il satisfait ?
– Pourquoi l'élève est-il agacé ?
– Pourquoi l'élève a-t-il du mal à comprendre ce qui s'est passé ?
– Que signifie le « besoin de temps » dont parle le médecin ?
– Le médecin est-il un bonimenteur ?
– Qu'est-ce que le médecin connaît que ne connait pas son élève ?

Réflexion

– Pourquoi la patience est-elle importante ?
– Faut-il mentir pour faire passer la vérité ?
– Pourquoi la vérité a-t-elle besoin de temps ?
– Avons-nous tous besoin de croire que nous sommes spéciaux ?
– Sommes-nous tous en quête d'identité ?
– Pourquoi voulons-nous montrer notre savoir ?
– Le savoir est-il nécessairement un pouvoir ?
– La fin justifie-t-elle les moyens ?
– Est-il moral de mentir pour obtenir ce que l'on veut ?
– La manipulation est-elle une bonne chose ?
– Est-il toujours bon d'être sincère ?

4/ Le maître d'école

Nos convictions nous appartiennent-elles ?

Il était une fois un maître d'école qui était très exigeant et sévère avec ses élèves. Ceux-ci n'en disaient jamais rien devant lui, car il les effrayait. Gare à celui qui n'avait pas appris ses leçons par cœur ! Mais un beau jour, lassés de son autorité excessive, les élèves décidèrent de trouver une solution pour se débarrasser de lui.

— Quel dommage, disait l'un d'eux, qu'il ne tombe jamais malade ! Cela nous donnerait un peu de répit.

— C'est vrai, renchérit un autre, nous serions plus libres, au moins de temps en temps.

À ces mots, un troisième élève proposa une idée :

— On pourrait essayer de le convaincre qu'il est malade. Il suffirait de lui dire : « Maître ! Comme votre visage est pâle ce matin ! Vous ne devez pas être bien, vous avez certainement de la fièvre. »

— Si tu lui dis ça, il ne te croira pas, objecta un quatrième. Tes paroles ne réussiront pas à le convaincre. Mais si tous, l'un après l'autre, nous lui répétons la même chose, il finira par le croire. Après toi, je lui dirai : « Que se passe-t-il, Maître ? Que vous arrive-t-il ? » Si nous avons l'air sincère, à force de le lui répéter, nul doute qu'il sera convaincu.

Le matin suivant, les élèves préparèrent leur piège. À peine le maître arriva-t-il, qu'au lieu de le saluer comme d'habitude, un premier élève, affectant un air attristé, lui annonça « la mauvaise nouvelle ». Le maître, irrité par cette remarque, fit un geste brusque de la main : « Ne dis pas n'importe quoi. Je ne suis pas malade. Va t'asseoir à ta place. »

Puis, comme prévu, divers enfants, les uns après les autres, lui firent part de leur « inquiétude », chacun avec ses propres mots. Le maître commença peu à peu à se poser des questions, puis finit par croire qu'il était réellement malade, à tel point qu'il ne se sentit pas bien du tout. Il décida de retourner chez lui afin de se soigner. En rentrant, il pensa avec rancœur à sa femme.

– Comment se fait-il qu'elle n'ait même pas remarqué mon état ce matin ? Ne s'intéresse-t-elle plus à moi ? Voudrait-elle me quitter pour en épouser un autre ?

Lorsqu'il ouvrit la porte de sa maison, située juste à côté de l'école, il était très en colère. Sa femme, surprise de le voir revenir si tôt, lui demanda :

– Que se passe-t-il ? Pourquoi n'es-tu pas à l'école ?

– Ne vois-tu pas la pâleur de mon visage ? répliqua le maître d'école de façon acerbe. Tout le monde s'inquiète de ma santé, mais toi, cela te laisse complètement indifférente. Quand je pense que nous partageons le même toit, mais que tu ne te préoccupes même pas de moi.

Sa femme rétorqua : « Mon cher mari, tu te fais des idées. Tu n'es pas plus malade que moi. D'où tiens-tu cette lubie ? »

Le maître s'emporta nettement :

– Ô femme stupide, tu es complètement aveugle. Tu ne vois pas que je suis malade, que je ne me sens pas bien et que j'ai mal partout !

Mais la femme répliqua fermement :

– Comme tu veux. Mais laisse-moi t'apporter un miroir. Tu constateras par toi-même si vraiment tu as l'air malade et si je mérite d'être traitée d'une manière aussi injuste.

– Fiche-moi la paix avec ton miroir, va plutôt préparer mon lit, peut-être me sentirai-je mieux si je m'allonge. Et puis, cours vite chez le docteur.

Tout en maugréant, la femme se dirigea vers la chambre :

– Tout cela n'a aucun sens. Il fait semblant d'être malade pour m'éloigner de la maison. Je ne sais pas ce qu'il veut, mais je suis sûre que c'est un prétexte.

Une fois au lit, le maître se mit à se lamenter. Les élèves l'entendirent par la fenêtre, et le petit malin qui avait eu cette « bonne » idée suggéra aux autres :

– Lisons nos leçons de la voix la plus forte possible, tous ensemble, et comme il n'est pas de bonne humeur, le bruit va certainement l'agacer.

En effet, au bout d'un moment, le maître n'en pouvait plus de ce vacarme, et en dépit de son « mal », il se leva pour dire à ses élèves :

— Vous me donnez mal à la tête. Il n'y aura pas classe aujourd'hui. Je vous autorise à rentrer chez vous.

Poliment, les enfants lui souhaitèrent un bon rétablissement et s'en furent.

Quand les mères virent que leurs enfants jouaient dans les rues alors qu'ils devaient être à l'école, elles les réprimandèrent sévèrement. Les enfants se défendirent :

— C'est le maître qui nous a dit de partir ! Ce n'est pas de notre faute si par la volonté de Dieu, il est tombé malade.

Les mères les menacèrent alors : « Nous allons vérifier si vous dites la vérité. Si c'est un mensonge, alors gare à vous ! »

Elles se rendirent sur-le-champ au domicile du maître d'école, et constatèrent qu'à ses dires, il était gravement malade. Elles s'excusèrent de l'avoir dérangé :

— Pardonnez-nous, nous ne savions pas que vous étiez malade.

— Moi non plus je ne le savais pas ! répliqua le maître. Ce sont vos enfants qui m'ont alerté.

Barbares et sauvages

Il est de ces personnages que Friedrich Schiller nomme les barbares, qu'il va opposer aux sauvages. Les premiers sont ceux qui veulent toujours dicter des **règles**, imposer des formes définies *a priori* et de **manière catégorique**, sans se soucier des individualités, des différences, de la pluralité, de la sensibilité et de la manière d'être de tout un chacun. Les sauvages au contraire ne connaissent que leurs **impulsions** immédiates, leurs désirs et leur subjectivité, sans se soucier d'une quelconque universalité ou d'un quelconque devoir. Pour les premiers, la réalité s'articule à travers des règles préétablies, pour les seconds, à travers les impulsions du moment. Le maître d'école de cette histoire entre visiblement dans la première catégorie, les élèves plutôt dans la seconde. Mais dans les deux cas, ni pitié ni compassion ne trouvent leur place. En fait, les deux schémas se renvoient l'un à l'autre.

Le maître sait, il pense que tous doivent savoir, il impose ce savoir à travers des formes spécifiques, en particulier la répétition qu'implique l'apprentissage par pure mémorisation, **système formel** couplé selon la tradition à un **système punitif**. Pas étonnant que les élèves soient frustrés et même en colère. Cette barbarie les renvoie à leur propre sauvagerie. Ainsi ont-ils l'impression d'être opprimés, de ne pas pouvoir respirer, de ne pas pouvoir exister. Un problème au demeurant tout à fait courant, à la fois dans la manière d'être des parents ou des enseignants, et dans le vécu des élèves. À ce moment-là, tout est bon pour **combattre** « l'oppression ». Tout le problème, pour le sauvage comme pour le barbare, est de savoir comment conjuguer **liberté** et **obligation**.

Opinion personnelle et opinion commune

Nous avons tous des opinions plus ou moins fondées, des **croyances personnelles**, qui nous servent de repères et nous guident au jour le jour. Certaines sont plus fondées, ou plus ancrées que d'autres, et au cours de notre existence nous les voyons se modifier, disparaître, et parfois réapparaître. Certes le temps y est pour beaucoup, par ce que l'on pourrait nommer une sorte d'évolution naturelle liée à l'âge et aux modifications internes de notre **être**. Mais les événements que nous vivons, les circonstances diverses qui constituent l'environnement que nous habitons, la fréquentation et les transformations de l'opinion commune y sont aussi pour quelque chose. C'est le principe qu'ont compris et mettent en œuvre les élèves de l'école, qui utilisent la puissance des mots afin de faire changer leur maître et de mettre en échec cet homme tellement dur et inflexible qu'il ne tombe jamais malade. Si une opinion donnée ne sait le convaincre, la **répétition** de celle-ci devrait réussir à l'atteindre.

Ainsi, nul n'est à l'abri de l'opinion commune. Heureusement, car elle nous protège de nos propres **rigidités** et **solipsismes** ; malheureusement, car elle montre comment le désir de reconnaissance ou autres phénomènes d'osmose nous rend influençables ou corruptibles. Ce **rapport au groupe** est pourtant une nécessité. C'est alors tout un art que de savoir conserver ses certitudes et de savoir les abandonner. Croire ou ne pas croire, là est la question. On peut aussi se demander d'où proviennent donc nos **intimes convictions**.

Le doute habite le cœur de l'homme, il se niche au plus pro-fond de ce qui représente son identité : la pensée. À tel point que Descartes a pris le doute comme le **fondement** ou la garantie principale de notre propre existence, pour savoir de manière indubitable que nous existons : « Je doute donc je suis. » Un paradoxe certain : le doute nous permettrait donc de ne pas douter de notre être. Le doute exprime l'**incertitude**, un manque de conviction, en ce sens il ne nous plaît guère, car nous aimons être certain, cela nous rassure. Mais il nous per-met aussi d'aller plus avant, de voir nos erreurs, de progresser dans nos pensées.

Dans l'histoire présente, le doute du maître n'a rien de ration-nel : il est provoqué par l'inquiétude et montre la **fragilité** de cet homme apparemment rationnel et ferme d'esprit. Il en va périodiquement ainsi des personnes inquiètes, qui cachent leurs propres doutes derrière un entêtement excessif et une apparente volonté, mais qui en fait ont simplement du mal à effectuer des **jugements** posés et réfléchis. Elles oscillent de ce fait entre un comportement erratique et une attitude bornée, par crainte de faire face à leurs propres incertitudes. Ainsi le maître, après avoir refusé, puis douté, se crispe complètement sur l'idée de sa maladie.

La méfiance

Une fois que nous avons une idée en tête, une quelconque **conviction**, la totalité du réel doit s'y conformer *nolens volens*. Du rejet et de la méfiance s'installent envers tout ce qui ne convient pas à ces conclusions, aux principes ainsi élaborés, à cette vision du monde. Et comme bien souvent nous ne souhaitons pas changer d'avis, nous essayons « d'adapter » les réalités qui se trouvent sur notre chemin, afin de conserver et de nourrir la perspective que nous avons élue. Les **torsions** que nous effectuons alors sur la perception de ce qui nous entoure peuvent s'avérer particulièrement violentes. Bien souvent, nous préférons ignorer ce qui ne nous convient pas : nous le rejetons, nous l'ignorons, nous l'oublions. Mais nous pouvons aussi le prendre de front et l'attaquer, par exemple en y attribuant de mauvaises intentions et en laissant parler nos **craintes**. C'est ce qui arrive au maître d'école, qui à cause de sa nouvelle « révélation » en vient à douter de sa femme. Et lorsqu'elle veut convoquer la réalité du miroir, il s'y refuse complètement, car il ne l'écoute plus : toute **confiance** est perdue. Il veut bien de la pitié, de l'émotion, mais refuse la raison ; il accepte la faiblesse, mais refuse la force.

Bien entendu, ce type de méfiance est très contagieux, et l'épouse se met aussi en retour à imaginer des intentions malignes là où il n'y a que bêtise et entêtement. Mais par commodité, nous préférons souvent nous méfier beaucoup plus d'autrui que de nous-même. Or il est facile de susciter la méfiance : il ne s'agit que d'éveiller les soupçons et craintes qui sont toujours présents et sommeillent au cœur de l'homme. Comme l'animal, nous oscillons en permanence entre le **désir** et la **peur**. Finalement, comment faire confiance, en soi, en autrui, en la raison ? Tout dépend peut-être de notre générosité, ce qui n'est guère manifeste au quotidien, comme le montrent bien les divers personnages de la narration.

 Sagesse des contes soufis

Autorité et réalité

Qui détient le pouvoir de déterminer la réalité ? Elle se niche souvent dans les mots d'autrui. La fin de l'histoire nous dit que le maître ne savait pas qu'il était malade, qu'il l'a appris grâce aux enfants, et on peut penser que les mères qui le questionnent adhèrent de bonne grâce à cette affirmation du maître, bien qu'elles en soient quelque peu surprises. Elles doutent de leurs enfants, mais si l'autorité, ce que cet homme représente, dit qu'ils ont raison, alors elles les croient. Contrairement à l'épouse, plus suspecte, car elle connaît bien la subjectivité de ladite autorité.

Nous avons là un jeu de **chassé-croisé** tout à fait intéressant. Les enfants se rebellent contre l'autorité qu'ils trouvent abusive, et ils réussissent à la **manipuler** et faire qu'elle doute d'elle-même. Mais les mères, qui représentent aussi une forme d'autorité pour les enfants et doutent de la parole de ces derniers, vont sans doute accepter l'autorité de leur progéniture parce que le maître, manipulé, affirme qu'ils ont raison.

Lorsque les affirmations se contredisent, nous devons en dernier ressort déterminer à qui nous faisons confiance, à qui nous attribuons l'autorité du **savoir** et de la **vérité**. Sans nous en rendre compte, nous adhérons parfois à certains discours sans autre attente de **preuve** que la crédibilité que nous accordons à une personne, souvent de manière arbitraire et irrationnelle. Cette histoire nous montre d'ailleurs que l'école est le lieu par excellence où nous apprenons à accepter sans **discuter** l'argument d'autorité, sauf si nous y prenons garde.

Quelques questions
pour approfondir et prolonger

Compréhension

– Quels rapports entretiennent le maître et ses élèves ?

– Qu'y a-t-il de semblable entre le maître et les élèves ?

– Pourquoi le maître finit-il par croire les élèves ?

– Pourquoi le maître se met-il en colère contre sa femme ?

– Pourquoi le maître croit-il les élèves plutôt que sa femme ?

– Le maître est-il raisonnable?

– Pourquoi le maître ne veut-il pas voir le miroir ?

– Les personnages de l'histoire font-ils confiance à autrui ?

– Le maître est-il réellement malade ?

– Pourquoi les mères croient-elles le maître et pas leurs enfants ?

Réflexion

– L'école incarne-t-elle une forme d'aliénation ?

– L'autorité est-elle indispensable à l'enseignant ?

– Pourquoi croirions-nous un groupe de personnes plus qu'une seule personne ?

– La répétition est-elle une bonne manière de faire passer un message ?

– La crainte est-elle une technique efficace pour faire passer un message ?

– Faut-il plutôt croire autrui ou soi-même ?

– Pourquoi préférons-nous parfois nous fier à nos convictions plutôt qu'à l'évidence ?

– Pourquoi l'autorité est-elle un gage de crédibilité ?

– Pourquoi les parents ont-ils souvent du mal à croire leurs enfants ?

– Les gens têtus sont-ils forts ou fragiles ?

5/ La femme infidèle

Faut-il toujours dire la vérité ?

Un jour, un homme rentra chez lui à l'improviste. Ce n'était guère dans ses habitudes de quitter la boutique aussi tôt, mais il était pris d'une sorte de pressentiment. Il avait donc décidé d'arriver par surprise à une heure inhabituelle. Or sa femme, infidèle, recevait un autre homme. Le mari frappa à la porte et appela sa femme. Bien entendu, certaine que son conjoint ne surgirait pas à cette heure, au beau milieu de la journée, l'épouse fut prise au dépourvu : elle ne savait que faire, il n'y avait dans la petite maison ni autre issue que la porte principale, ni endroit pour se cacher. Nulle manière ne s'offrait permettant de dissimuler la présence d'un homme. En désespoir de cause, elle décida de le déguiser rapidement en femme, en utilisant ses propres vêtements et en le voilant, puis elle ouvrit à son mari.

Accoutré de la sorte, l'homme était aussi visible et grotesque qu'un chameau dans un escalier, mais le mari s'abstint de tout commentaire. Il demanda simplement à sa femme :

— Qui est cette personne au visage voilé ?

— C'est une femme connue en ville pour sa grande piété, et sa richesse, répondit-elle.

— Et que pouvons-nous faire pour elle ? Vient-elle nous demander un service ?

— Elle veut devenir notre parente. Elle a entendu dire beaucoup de bien de notre fille et la voudrait comme épouse pour son fils. C'est une femme au cœur noble et pur : elle affirme que belle ou non, elle la veut comme bru. Tu dois savoir que son fils est incomparable par son caractère, sa beauté et son intelligence.

— Nous sommes des gens pauvres et cette femme est riche. Un pareil mariage serait comme un vêtement tissé à moitié de soie et à moitié de drap : il ferait honte à celui qui le porte.

— C'est justement ce que je viens de lui expliquer. Mais elle me dit que cela lui est égal : elle ne s'intéresse ni à la richesse, ni à la noblesse, et ne se préoccupe pas de ce que penseront les autres. Elle souhaite uniquement avoir à faire à d'honnêtes gens.

 Sagesse des contes soufis

Le mari souleva encore divers arguments, mais à chacun d'entre eux son épouse affirmait les avoir déjà soulevés, prétendant que la femme ne s'en souciait guère. Elle répétait périodiquement :

— Elle ne craint pas la pauvreté, ce qu'elle recherche chez nous, c'est l'honnêteté.

— Cette femme doit bien s'apercevoir que notre maison est si modeste qu'on ne saurait y cacher même une aiguille ! Elle peut donc deviner que notre fille n'a aucune dot. Quant à notre honnêteté et notre dignité, il est sûr qu'elles sont bien visibles. Mais enfin, ce sera comme tu voudras, dit-il à sa femme, avant de repartir vers sa boutique.

La confiance

La confiance est un sentiment de sécurité ou de certitude vis-à-vis de quelqu'un ou de quelque chose. On peut aussi parler d'**acte de foi**. C'est le contraire de la crainte, du doute, de l'incertitude. On peut en effet compter sur cette personne ou cette chose, pour un comportement donné, pour une action ou une fonction spécifique. On peut donc y reconnaître une certaine forme de prévisibilité. Néanmoins, on peut distinguer la confiance de la connaissance et du savoir, dans le fait qu'il s'y trouve tout de même une certaine dose d'imprévisibilité, une simple possibilité de défaillance. C'est pour cette raison que le savoir ne tolère pas la preuve du contraire, qu'il s'agit de prendre immédiatement en charge, faute de quoi ce savoir est obligé de déclarer forfait, d'être modifié ou abandonné. Tandis que la confiance, au contraire, se mesure à sa capacité d'accepter ce qui contrevient à sa **certitude**. En ce sens, la confiance a quelque chose en moins que le savoir, au niveau de l'objectivité de son contenu, mais il possède quelque chose en plus au niveau de la subjectivité : une force qui lui permet de ne pas se laisser troubler par « l'objectivité » de l'évidence.

Bien entendu, la confiance n'est pas totalement sourde, ni aveugle, même si elle tend à l'être : elle peut de temps à autre se laisser interpeller par le **doute**. Contrairement à ce que l'on pourrait penser en un premier temps, la confiance qui nous habite se mesure à sa propre capacité d'accepter ce qui objectivement constituerait pour toute autre personne une raison de défiance. Autrement dit, à l'instar de l'amour, la confiance ne relève pas de la **rationalité**, elle lui est même souvent contraire.

Ainsi en va-t-il du héros de notre histoire. Un vague pressentiment le fait revenir chez lui. Tout ce qui se passe ensuite devrait suffire à atténuer ou perdre cette confiance qui l'habite. Mais il décide, consciemment ou non, de la préserver. La réalité lui tient moins à cœur que cette douce et tranquille **paix de l'âme** que procure la confiance. L'observateur peut le trouver naïf ou lâche, mais peut-être est-ce là une forme de **sagesse**.

Le mensonge

Le mensonge est un **déni conscient** du réel. Mais il coûte cher, en temps et en effort. Une fois prononcé, il s'agit par la suite de nourrir cette description faussée de la réalité, jusqu'à l'impossibilité et à l'absurdité, et même au-delà, dans ces cas qui frisent le **pathologique**. Cette revendication d'une « autre » réalité a des exigences terribles, puisqu'il s'agit de faire tenir une vérité fabriquée. On ment pour se protéger, de soi-même ou d'autrui, pour obtenir quelque chose ou ne pas la perdre. Il s'agit toujours d'une **manipulation**, du monde et d'autrui, qui craint à tout instant de s'écrouler.

Ainsi en va-t-il de l'héroïne de notre histoire. Elle commence par poser un geste fort, très symbolique du mensonge : ne pouvant cacher son amant, elle le déguise. Mais, le mensonge est grossier, la vérité est visible, comme c'est bien souvent le cas. On peut même penser qu'un mensonge ne dure jamais, quand bien même il convient à toutes les parties en présence. Alors il faut que la femme parle, qu'elle invente, qu'elle habille sans fin ce réel aussi étrange qu'impossible dont elle s'est rendue **prisonnière**. Face aux questions de son mari, elle prétend assurer et tout prévoir. Les informations qu'elle donne sont même bonnes et flatteuses : il s'agit pour cette femme séductrice de le captiver par son **discours**.

C'est ainsi que peut fonctionner le mensonge, qui doit persuader en utilisant tous les **moyens rhétoriques** possibles pour devenir plausible, quand bien même la tâche est impossible.

Paradoxe du mensonge : plus il est visible et énorme, ou absurde, plus il est crédible. C'est là que se pose le problème du choix, en privé comme en société : achetons-nous ce discours improbable, ou le refusons-nous ? Dans les deux cas, le prix en est élevé, et nous préférons souvent l'option de la facilité : l'**acceptation** du mensonge, car le conflit serait trop coûteux dans l'immédiat. Le mari choisit cette voie, à moins qu'il ne pense que l'ombre de la vérité est suffisamment prégnante pour ne pas avoir à être dite. Aller plus loin constituerait à provoquer encore plus de mensonges. Mieux vaut s'arrêter là et quitter les lieux.

La vérité

Pour les soufis, la vérité est tout aussi importante que puissante. Le mensonge est factice, fragile, éphémère, ridicule. Certes, dans certaines histoires, il dure plus longtemps, il est besoin de la totalité de la narration pour que le **dévoilement** opère, ou non. Certes, la vérité ou réalité absolue (*al-Haqq*) que recherche tout initié soufi est un grand voyage, une lente **ascension**, au bout duquel il ne reste plus que l'absolu, que Dieu, ce qui est accessible à relativement peu d'élus, et qui nécessite un maître. Pour réaliser une telle vision, il faut développer l'œil intérieur : l'homme ordinaire est aveugle à une telle connaissance, principalement à cause de l'imperfection de son âme. Il s'agit donc de **purifier** l'être, à travers diverses épreuves, afin de pouvoir voir, en dépassant le voilement du monde matériel, tant celui du sujet que celui des événements et des choses. Il ne s'agit pas là d'un savoir, mais d'une **pratique**, d'un **savoir-être**, d'un **engagement** où se travaillent la persévérance, la sincérité, la dévotion, le courage et l'amour, qualités nécessaires pour s'engager et demeurer sur cette voie. La simple curiosité ne suffit guère : elle est vaine et frêle.

La vérité est toujours là, bien présente, à notre disposition, si nous sommes disposés à la voir, si notre cœur est ouvert, s'il n'est pas obnubilé par le désir et la crainte, ces **passions** qui engendrent le **chaos** et l'**illusion**, c'est-à-dire le mensonge. C'est ainsi que cette histoire nous invite à voir le réel avec la distance nécessaire, perspective qui nous montre la crudité et le dérisoire du boniment.

Que faut-il penser alors de cet homme qui ne dit rien ? Il questionne, mais ne critique guère l'**absurdité** qui lui est présentée. Quelque chose lui semble étrange, suffisamment pour interroger la réalité, mais peut-être a-t-il trop à perdre, contrairement à nous. Il pense à sa condition sociale, à la disparité de statuts entre les deux familles ; il ne voit vraiment pas la **pantomime** qui se déroule sous ses yeux. Il n'ignorerait pas totalement le mensonge, mais ses questions semblent plutôt mendier des propos rassurants. N'est-ce pas trop souvent ce que nous attendons d'autrui ? Pour être rassurés, nous sommes prêts à tous les **compromis**. Mais l'histoire ne nous dit pas ce qu'il en est : la vérité reste tout de même un mystère.

La honte

Mis à part le mensonge, l'aspect le plus frappant dans le discours de notre héroïne est son absence totale de vergogne. Le contraste est saisissant entre les qualités que l'on peut attendre d'une épouse digne de confiance et le comportement manifestement indigne qu'elle déploie. L'apparence qu'elle se donne est bien inférieure à ce qu'autrui est en droit d'attendre, que ce soit un étranger ou *a fortiori* son mari. Sa **conscience morale** devrait donc la travailler, mais cela ne semble pas être le cas, bien qu'il soit difficile ou impossible de déterminer ce qui se passe en son sein ; nous ne percevons que l'extériorité de son être, ses paroles et ses actes. Libre à nous de penser qu'elle ne peut pas se trouver indemne de ses choix.

Motivée par la crainte ou le désir, l'épouse se prête à un **jeu scabreux**. Combien de temps pourra durer ce manège ? C'est surtout elle qui doit certainement se poser cette question. En fin de compte, sur le plan moral, que risque-t-elle le plus ? L'humiliation devant autrui, lorsqu'il ne sera plus possible de prétendre encore déguiser sa faute ? Ou l'indignité devant sa propre conscience ? Dans les deux cas, son image d'elle-même en sera nettement dévalorisée. À moins que l'on présuppose l'**amoralité** totale de son être, ce qui reste une possibilité, bien que toujours difficile à supposer chez un être humain. Sartre soulève le problème du regard d'autrui comme condition ou contrainte de la conscience morale. Cela explique peut-être les efforts insensés ou désespérés de cette femme pour faire tenir son histoire aux yeux de son époux.

En revanche, le mari soulève le problème de la honte : dans le rapport décalé entre richesse et pauvreté. On peut prendre cette remarque pour une **analogie inversée** – ironique ? – entre l'humilité ou la pudeur d'un côté, l'indécence ou l'inconvenance de l'autre. La honte émerge dans le décalage entre ces deux manières d'être. Qui est le véritable riche, l'orgueilleux ou l'humble ? Qui est le pauvre, le sincère ou le menteur ? Le concept de **modestie** est ici approprié, avec son double sens d'humilité et de pudeur. L'homme revendique la pauvreté de sa famille, qui signifie **honnêteté** et **dignité**, en opposition à la richesse de la prétendue femme, qui symbolise **duplicité** et **immoralité**. On comprend dans le contexte le mensonge que symbolise ladite richesse.

 Sagesse des contes soufis

Quelques questions
pour approfondir et prolonger

Compréhension

– Pourquoi le mari rentrerait-il de manière imprévue ?
– Pourquoi l'épouse nie-t-elle l'évidence de manière aussi grossière ?
– Pourquoi le mari ne dénonce-t-il pas sa femme ouvertement ?
– Le mari fait-il confiance à sa femme ?
– Le mari est-il un homme faible ?
– La femme est-elle cynique ?
– Quel jeu se joue entre le mari et la femme ?
– La vérité est-elle possible entre le mari et la femme ?
– Le mari est-il cohérent ?
– Pourquoi le mari s'en va-t-il à la fin ?

Réflexion

– Faut-il faire confiance à ses intuitions ?
– La pleine confiance est-elle aveugle ?
– Autrui finit-il toujours par nous trahir ?
– Peut-on réellement cacher la vérité ?
– Quels sont les principaux motifs de mensonge ?
– Est-il toujours approprié de dénoncer le mensonge ?
– Sommes-nous victime de nos propres mensonges ?
– Le mensonge peut-il avoir une fonction positive dans les relations humaines ?
– La morale est-elle personnelle ou collective ?
– Doit-on échapper à la honte ?

6/ La mort

Peut-on échapper à son destin ?

Un jour, un familier du roi Salomon vint se présenter au palais et sollicita une audience de toute urgence. Lorsque l'homme arriva devant le trône du roi, le monarque remarqua son visage blême, ses lèvres bleuies, son haleine courte, et lui demanda :

— Tu n'as pas l'air bien ! Que t'arrive-t-il ?

— C'est terrible ! Ce matin, j'étais au marché, quand au milieu de la foule, j'ai reconnu Azraël, l'ange de la mort. Lorsqu'il a remarqué que je l'observais, il m'a lancé un regard effrayant, plein de colère. Je ne sais pas pourquoi, mais il est furieux contre moi.

— Je comprends, mais que veux-tu que je fasse ? C'est l'ange le plus puissant de tous.

— Je t'en prie, ô Grand Roi ! Toi qui es si puissant ! Aide-moi !

— Mais je te dis que je ne peux rien contre lui. Comment pourrais-je t'aider ?

— Toi qui commandes aux éléments, demande au plus grand vent de m'emporter loin d'ici, très loin, jusqu'en Inde. Pour mon salut et celui de mon âme !

Le roi obtempéra et demanda au plus grand vent d'emporter le pauvre homme jusqu'en Inde, où il arriva le jour même.

Un peu plus tard, l'ange Azraël, qui était toujours dans cette même ville, rendit visite au Grand Roi. Ce dernier, curieux d'en savoir plus, ne put s'empêcher de questionner l'ange. Il lui raconta ce qui s'était passé et demanda :

— Pourquoi étais-tu en colère contre cet homme ? C'est pourtant quelqu'un de pieux et de fidèle. Mais tu lui as tellement fait peur qu'il en a quitté le pays précipitamment.

Azraël répondit :

— Mais pas du tout ! Je n'étais pas en colère contre lui. Il a mal compris. C'est plutôt avec une immense surprise que je l'ai regardé. En effet, Dieu m'avait ordonné d'aller le chercher, car son temps était venu. Mais c'est en Inde, demain, que je dois prendre sa vie. Aussi me suis-je grandement étonné. Je me disais : « Comment peut-il être ici aujourd'hui, et en Inde demain ? Cet homme doit véritablement avoir des ailes pour se déplacer aussi rapidement. »

 Sagesse des contes soufis

L'interprétation

Interpréter, c'est **expliquer** et **expliciter** le sens d'une information, d'une parole, d'un fait, d'un phénomène, d'une action, etc. C'est saisir l'**essentiel** d'une œuvre, d'un message ou d'un comportement, et en rendre compte. C'est reproduire une création originale d'une manière spécifique qui appartient à l'interprète, sans pour autant trahir l'intention et le contenu originels de l'**auteur**. C'est donc **conjuguer** de manière légitime objectivité et subjectivité.

On ne peut comprendre sans interpréter, puisque l'acte même de comprendre implique une appropriation, une traduction, ce que l'on pourrait nommer une « digestion », c'est-à-dire une **restructuration** selon des modalités propres à celui qui « ingère » le sens. On y trouve nécessairement une connotation de **subjectivité** par rapport à l'objet initial. La question reste de savoir où tracer la ligne de démarcation entre une reformulation, une reproduction, une traduction acceptables ou plausibles, et celles qui nous paraissent illégitimes.

C'est sur cette difficulté du jugement que se pose la tension de l'interprétation, entre raison et sentiments. Le fait de **comprendre** est un acte raisonné, qui implique de saisir ou de distiller un contenu, afin de le rendre palpable, compréhensible, communicable. C'est là que l'interprétation est nécessaire. Ce que Spinoza nomme les **passions tristes** vient faire obstacle à un tel geste de raison : la crainte, la colère, le ressentiment, ce que nous ressentons lorsque quelque chose menace ou semble menacer notre intégrité, notre cohérence. De tels sentiments impliquent pour lui une perte de puissance d'être. La **raison** ne fonctionne plus alors selon sa propre nature opératoire : elle est pervertie et produit des idées inadéquates.

C'est ce qui se passe chez le héros de cette histoire. Il a peur de la mort, aussi se méprend-il grossièrement lorsqu'il rencontre Azraël. Il lui attribue de la colère, là où l'ange exprime simplement de la surprise. Ne faisons-nous pas tous cela, lorsque nous craignons quelque chose ? Nous rendons omniprésente notre crainte dans notre **lecture du monde**, renforçant ainsi notre propre conviction sur sa dangerosité. La tentation est trop grande de prouver en permanence que nous avions raison de nous méfier ! Peut-être faudrait-il commencer par **se méfier** de nos interprétations.

La mort

La mort est un concept fondamental dans la tradition soufie : l'**expérience existentielle** par excellence. Il est un verset du Coran, cher à cette tradition, qui dit : « Si vous prétendez être les bien-aimés de Dieu, contrairement aux autres, souhaitez donc la mort, si vous êtes sincères. » Ainsi, le véritable fidèle ne saurait craindre la mort, puisque celle-ci le rapproche de ce qu'il aime le plus au monde : c'est-à-dire de Dieu. Mais cette mort physique fait aussi écho à une autre : celle qui vient avant. Mourir à soi. Ce qui rejoint l'idée que « philosopher, c'est apprendre à mourir ». « Mourez avant de mourir », prescrit le prophète. Cette « petite » mort, contrairement à la mort inévitable, commune à tous les êtres, est particulière et volontaire. Celui-là meurt librement, la **résurrection** est de fait accomplie. Tout pour lui revient à Dieu, il n'est qu'un avec lui. Mais pour cela, il s'agit d'annihiler l'amour de soi qui est la racine de nos désirs et de nos répulsions, il faut mettre à mort les diverses tendances spirituellement mortifères. L'**amour de l'universel**, l'amour de l'absolu, nous libère de l'amour réducteur, possessif et anxieux.

Ainsi le héros de cette histoire, « pourtant pieux et fidèle », a montré les **limites** de son amour de Dieu, en craignant l'envoyé de Dieu. Il en a oublié qu'il n'est pas possible d'échapper à la **volonté divine**. Comme si en Inde, on pouvait se soustraire à la puissance suprême ! Il en a oublié de surcroît que cette volonté est nécessairement bonne, et que si colère divine il y a, elle ne doit pas être crainte : elle concerne uniquement les « égarés », les méchants et les infidèles. Notre homme est peut-être en effet un **égaré**, puisqu'il invoque auprès de Salomon une inquiétude à propos du « salut de son âme ». Ainsi, lorsque notre homme craint la colère de l'ange, c'est que sa **conscience** le travaille, c'est qu'il veut cacher et protéger quelque chose. S'il n'a pas confiance en l'ange, il n'a pas confiance en lui-même. Il n'est pas encore mort !

Fatalité et liberté

L'ironie de cette histoire est que cet homme, en prétendant profiter de la liberté, celle qu'il prétendait s'octroyer dans sa demande à Salomon, ne fait que réaliser ce qui était prévu. Comment faut-il comprendre cette réalité paradoxale ? Cela veut-il dire que nous ne sommes pas libres, car tout est écrit à l'avance ? Il est différentes **conceptions** de la liberté, qui s'opposent entre elles. Par exemple chez Descartes, on trouve le concept de **« libre arbitre »**, qui s'articule dans le fait de pouvoir dire « oui ou non ». Chez Spinoza, la liberté est assimilée à la conscience de nos **déterminations** et à la compréhension des **causes**. Chez Sartre, il s'agit plutôt d'un concept de **responsabilité** existentielle : assumer son être singulier, ses choix et leurs conséquences.

Pour les soufis, la liberté est avant tout pour l'humain la capacité de se libérer de son **ego**, dont il est bien souvent **esclave**, lorsqu'il n'a pas réussi à dominer ce fantôme par le combat intérieur. L'âme est le cosmos tout entier, elle en est la copie parfaite. De ce fait, on peut dominer le **cosmos** ou être dominé par lui, selon le travail que l'on a effectué. Pour être libre, l'âme doit se purifier de toutes les vanités, de tout ce qui n'est pas Dieu.

Le héros de notre histoire, pour être libre devrait donc accepter la mort, car elle fait partie intégrante du réel, elle est constitutive de l'**existence**. Refuser cette réalité, en être effrayé, c'est refuser la finitude de l'être, ne pas faire confiance, ne pas être libre. Ce que certains nommeront « fatalité », c'est la nature même du réel, ce que nous cherchons à **combattre** parce que l'ordre du monde ne nous convient pas. La mort en étant un des meilleurs exemples, puisqu'elle représente la fin de notre singularité que nous érigeons bien souvent en **absolu**. Être libre, c'est savoir ne pas écouter nos propres vanités, notre propre subjectivité réduite, réductrice et craintive.

Fuite et acceptation de soi-même

Que fuit le héros de cette histoire lorsqu'il vient demander de l'aide à Salomon ? On pourrait répondre qu'il échappe à sa propre réalité. Notre mort peut être conçue comme quelque chose d'extérieur à nous-même, ou comme une **partie intrinsèque** de notre existence. Pour Épictète ou Sartre, la mort ne nous concerne pas, puisqu'elle ne concerne pas notre existence : elle en est une simple **interruption**. Mais une autre tradition philosophique soutient, comme Montaigne, qu'apprendre aux hommes à mourir, c'est leur apprendre à **vivre**. Il s'agit donc d'accepter la mort, comme condition de s'accepter soi-même. Heidegger critique la tentation commune d'échapper à la mort en parlant d'un « on » indéterminé, plutôt que de s'approprier cette mort comme « l'inconditionnel et l'indépassable » de notre réalité propre.

Au-delà de la mort en soi, c'est du concept de **finitude** qu'il s'agit. Il existe une tendance en l'esprit humain qui consiste à se penser comme absolu, comme infini. Une certaine tendance à la **démesure** qui se contente de ne jamais penser la limite ou l'imperfection de son être, et qui tend naturellement à combattre ou à ignorer tout ce qui pourrait contrarier ses attentes. Une telle tendance est cause de bien des frustrations, emportements ou ressentiments, lorsque malheureusement la réalité s'impose. Il s'agirait alors, comme le suggère Descartes, de changer ses **désirs** plutôt que l'ordre du monde. Mais un tel travail sur soi, lorsque nous nous y attelons, semble souvent relever de l'impossible.

Ainsi, le héros de notre histoire tente néanmoins d'échapper à son propre destin, à la volonté divine, à la réalité. Il ne se rend pas compte qu'aussi rapide et malin soit-il, il ne pourra guère **échapper** à ce qui lui appartient, à ce qui lui convient, à ce qu'il est.

Compréhension

- Pourquoi l'homme a-t-il mal interprété l'expression d'Azraël ?
- Pourquoi Azraël est-il l'ange le plus puissant de tous ?
- Pourquoi la mort serait-elle représentée par un ange ?
- Que représente Salomon dans cette histoire ?
- Pourquoi Salomon fait-il ce que l'homme lui demande ?
- L'homme est-il réellement « pieux et fidèle » ?
- Pourquoi l'homme prétend-il craindre pour le salut de son âme ?
- Azraël devrait-il être surpris ?
- Que fuit réellement cet homme ?
- Que représente l'Inde dans cette histoire ?

Réflexion

- Pourquoi craignons-nous la mort ?
- La mort fait-elle partie de la vie ?
- Est-ce possible de s'accepter pleinement soi-même ?
- Sommes-nous habités par un désir d'infini ?
- Pourquoi l'objectivité nous pose-t-elle problème ?
- Devons-nous accepter passivement le cours des choses ?
- La crainte nous empêche-t-elle de vivre ?
- Sommes-nous « condamnés à être libre », comme le prétend Sartre ?
- Le destin est-il une réalité ?
- Peut-on aimer la fatalité ?

7/ Le moucheron et l'éléphant

Avons-nous besoin d'être reconnu par autrui ?

Il était une fois un moucheron, connu de tous pour sa grande sensibilité, nommé Namouss le perceptif. Un beau jour, après avoir mûrement réfléchi à sa condition, il décida de déménager, pour de bonnes et suffisantes raisons. Il choisit à cet effet un lieu éminemment approprié : l'oreille d'un éléphant. Il y transporta donc tous ses biens et s'installa en bonne et due forme dans cette vaste et attrayante demeure.

Le temps passa. Namouss éleva plusieurs générations de petits moucherons qu'il envoya de par l'immensité du monde. Comme tous les moucherons, il connut tour à tour des sentiments d'euphorie et d'anxiété, de joie et de chagrin, d'insatisfaction et de plénitude. L'oreille de l'éléphant étant devenu son foyer, il devint convaincu — il en va toujours ainsi en pareil cas — qu'il existait un rapport étroit entre sa vie, son histoire, son être même et cette belle demeure. L'oreille était si chaude, si profonde, si accueillante, elle était le théâtre de tant d'expériences !

Évidemment, il avait en emménageant rempli l'ensemble des obligations et rituels exigés par la situation. En arrivant, il avait déclaré son intention du plus haut de sa petite voix.

— Ô Éléphant, sache que nul autre que moi, Namouss le perceptif, ne se propose d'établir sa demeure en ce lieu. Comme il s'agit de ton oreille, sacrifiant à la coutume, je t'informe de ma décision.

Bien entendu, l'éléphant n'avait soulevé aucune objection : il n'avait rien entendu. D'ailleurs, pour dire la vérité, jamais il ne remarqua la présence de l'imposante famille de moucherons.

Vint finalement le jour où Namouss décida, après une longue délibération, de déménager à nouveau, pour de significatives et d'incontestables raisons. Selon la sacro-sainte coutume, il prépara une déclaration solennelle, qu'il cria à l'oreille de l'éléphant. Ne recevant aucune réponse, il réitéra son annonce, plus fort encore, sans plus de réaction. S'entêtant, il s'y reprit une troisième fois, déterminé à faire entendre avant de partir ses impératives et éloquentes paroles.

« Ô Éléphant ! Sache que moi, Namouss le perceptif, je me propose de quitter mon foyer et ma demeure, d'abandonner ma résidence

 Sagesse des contes soufis

dans cette oreille qui est tienne, où j'ai vécu si longtemps. Ceci pour d'importants et suffisants motifs dont je suis prêt à rendre compte. » Cette fois-ci, les paroles du moucheron atteignirent enfin l'ouïe de l'éléphant, qui perçut un vague bruissement et bougea sa trompe. Heureux de voir l'éléphant méditer sur ses paroles, Namouss hurla :

— Qu'as-tu à dire en réponse à cette nouvelle ? Quel est ton sentiment à propos de mon départ ?

L'animal leva alors son énorme tête et poussa un ou deux barrissements que Namouss accepta gracieusement comme un signe d'acquiescement.

L'histoire nous dit que le moucheron Namouss était doté d'une grande sensibilité. Certes, cela veut dire que ce moucheron saisissait les moindres **variations** du monde extérieur, qu'il était capable de percevoir et de recevoir de nombreuses informations de son environnement. Ses sens étaient aiguisés, ce qui convient tout à fait à la délicatesse et à la fragilité d'un petit moucheron, très **intuitif**. On pourrait aussi lui attribuer l'autre signification de la sensibilité, plutôt liée aux sentiments et aux émotions, qui indiquerait une capacité d'être facilement **affecté** subjectivement par les événements extérieurs et intérieurs, de ressentir selon les situations une certaine douleur ou un certain plaisir, avec toute l'amplitude des changements d'humeur que cela implique.

Il n'en va pas de même pour l'éléphant, cet énorme animal à la peau épaisse et résistante. Il est dur d'oreille, en dépit de l'immensité de son organe auditif qui peut servir de vaste demeure à une colonie de moucherons. Il n'entend pas grand-chose, et lorsqu'il entend, il est peu sûr qu'il comprenne, car il n'est guère **perceptif**, contrairement à Namouss. Certains d'entre nous sont peut-être semblables à l'éléphant, dur de l'ouïe, en dépit de la taille imposante de ses oreilles, doté d'une peau épaisse qui le rend **insensible** à autrui. Faut-il donc en conclure que le fin moucheron représente l'exemple à suivre ?

Le lecteur attentif apercevra certainement le **côté ridicule** du héros de l'histoire. Son extrême sensibilité semble l'empêcher de réaliser dans quelle mesure son existence ne représente qu'un **détail** infime dans l'immensité de l'univers, même en comparaison à un simple éléphant. Il attribue une **importance** considérable à ses actions, à ses paroles, à son existence. On pourrait ici l'accuser de fatuité et de suffisance en ce qui concerne la valeur démesurée qu'il attribue lui-même à son petit être, entité négligeable en ce bas monde. Certes, on peut aussi nommer cela du **respect de soi** ou de l'estime de sa personne, si ce n'était l'absurdité du geste. Le fonctionnement de Namouss, bien qu'excessif et risible, nous rappelle d'ailleurs le comportement de nombreuses personnes qui accordent une grande importance à chacun des moments de leur existence. On les voit poursuivre avec application, constance et zèle divers **objectifs** qui peuvent paraître vains à l'observateur extérieur. Telles ces fourmis qui trimballent avec peine des boulettes plus grosses qu'elles, qui nous donnent envie de rire. Elles sont à l'écoute de leurs sensations, de leurs sentiments. Leur conscience d'elles-mêmes exacerbée et leur subjectivité excessive les amènent à se prendre pour le centre du monde et à faire de leur microcosme l'aune dérisoire du **macrocosme**.

Communication et reconnaissance

Namouss cherche à communiquer avec l'éléphant. Il ne veut pas uniquement parler, ou s'exprimer ; sa parole a un but : il veut **obtenir** quelque chose. On comprend bien qu'il dépense beaucoup d'énergie pour être entendu par l'éléphant, il insiste en dépit des difficultés, et l'on peut se demander quelle est la finalité de tous ses **efforts**. On remarquera néanmoins qu'il déploie son énergie communicative plus spécifiquement au moment de son emménagement et de son départ. C'est en ces moments qu'il souhaite se mettre en rapport avec l'éléphant. Le désir de reconnaissance nous semble la plus simple hypothèse à avancer. Or cette reconnaissance doit provenir de l'extérieur, puisque c'est celui-ci, c'est-à-dire le **monde**, qui représente la réalité, incarnée ici par l'éléphant. C'est donc lui qui doit être au cœur du rituel de reconnaissance.

En un premier temps, Namouss se contente d'annoncer le
« moment », tenant pour acquise la reconnaissance de l'éléphant. Sa parole est performative : elle est en elle-même une
action. Néanmoins, avant de partir, il ne peut se satisfaire d'un
accord tacite : son propre rituel ne le satisfait pas sans la **par-
ticipation** effective et explicite de l'éléphant. Sa **conviction**
initiale quant à la prégnance des moments cruciaux de son
existence fait apparemment place à un certain doute, qu'il ne
saurait éviter de dissiper avant de partir définitivement. Il souhaite que l'éléphant s'identifie à lui, qu'il se mette à sa place,
tout comme lui-même s'identifie à sa demeure, comme l'histoire nous l'explique. Par le biais de cette **« communion »**, il
prétend ainsi être compris et honoré.

Mais hélas, tout le drame de la communication est qu'il inclut
l'autre – le locuteur dépend de l'auditeur – dans toute sa **différence** et son **altérité**, ce qui n'est pas nécessairement ce que
l'on voudrait. Au-delà de sa propre intention, on transmet
d'une part la **réalité objective** de notre message, ce qui peut
être très différent de l'intention même, et d'autre part ce que
peut percevoir la **subjectivité du récepteur**. Pour le lecteur
de cette histoire, observateur objectif, l'objet de la communication frise ici le ridicule. Pour l'éléphant, il ne s'agit sans
doute que du léger vrombissement d'un insecte, quelque peu
ennuyeux. Mais Namouss, pétri d'espoir, toujours centré sur
lui-même, arrive visiblement à se satisfaire d'un simple semblant de reconnaissance.

 Sagesse des contes soufis

Le sens de la vie

Namouss, comme la plupart d'entre nous, souhaite visiblement donner du sens à sa vie. Tout d'abord, avoir du sens, c'est accorder une signification à cette vie, donc produire un effet positif : compréhension, admiration, ou plaisir. Il faut que cette vie « parle », qu'elle « dise » quelque chose, qu'elle produise un **message** digne de ce nom, quelque proposition qui pourra servir d'épitaphe symbolique et généreuse, qui montrera que cette vie n'aura pas été menée en vain. Le sens, c'est aussi la raison d'être, le fondement, l'esprit qui anime cette existence particulière, ce que cette vie incarne et représente. Puis, le sens, c'est la direction : ce vers quoi va cette vie, son aboutissement, son accomplissement. On retrouve là le concept, cher à Sartre, de la vie comme une suite d'actions qui constituent le **projet** d'un sujet libre et autonome : son existence. Le sens, c'est aussi la dimension raisonnable et organisée de cette vie, en opposition au chaos ou au désordre. On peut s'y retrouver, on peut saisir son **unité**, elle est vectorisée et non pas inchoative. Et finalement, le sens de la vie, c'est sa **légitimité**, ce qui fait qu'elle est digne d'être vécue, grâce à son intérêt sur le plan moral, social, esthétique, existentiel ou autre.

Voilà ce que recherche Namouss, intuitivement, sans en être conscient : il veut donner du sens à sa vie. Pour cela, il a besoin de l'éléphant comme interlocuteur, car ce dernier représente une entité significative, susceptible d'accorder le sens attendu et prétendument nécessaire de sa vie de moucheron. L'éléphant incarne à la fois l'environnement, le lieu, autrui, le monde, les circonstances, autant de réalités susceptibles de **valoriser** et de donner de l'importance non seulement à lui, Namouss, mais aux nombreuses générations de moucherons qui ont prolongé sa propre existence. Pour cela, il doit annoncer la spécificité unique de son **existence**, proclamer sa volonté, ritualiser ses actions, sacraliser le lieu, amplifier les événements qui le concernent, et bien entendu obtenir une reconnaissance du « monde » afin de rendre cohérente et confirmer la valeur qu'il s'accorde. Ainsi procure-t-il du sens et de l'intérêt à la maigre entité qu'il représente, une sorte d'**éternité** à son éphémère durée, en l'ancrant dans l'immensité du monde.

Quelques questions
pour approfondir et prolonger

Compréhension

– Quelle importance a le fait que Namouss soit « perceptif » ?

– Pourquoi Namouss respecte-t-il tant les rituels ?

– Quel rapport entretient Namouss avec l'oreille de l'éléphant ?

– Pourquoi l'éléphant n'a-t-il pas de nom, contrairement au moucheron ?

– Le moucheron a-t-il de « bonnes et suffisantes » raisons de déménager ?

– Pourquoi Namouss tient-il à obtenir une réponse de l'éléphant avant de partir ?

– L'éléphant a-t-il répondu à Namouss ?

– Le moucheron et l'éléphant se comprennent-ils ?

– Le moucheron a-t-il besoin de l'éléphant pour exister ?

– Le moucheron prend-il ses désirs pour des réalités ?

Réflexion

– La vie a-t-elle besoin de sens pour avoir de la valeur ?

– Y a-t-il quelque chose de dérisoire dans l'existence humaine ?

– L'être humain est-il susceptible ?

– Pourquoi faisons-nous des projets ?

– Pourquoi prétendons-nous être spéciaux ou uniques ?

– Qu'attendons-nous d'autrui ?

– L'être humain tend-il à prendre ses désirs pour des réalités ?

– S'aimer soi-même passe-t-il nécessairement par le rapport à autrui ?

– Peut-on rire de tout ?

– Ressemblez-vous plutôt à Namouss ou à l'éléphant ?

8/ La vieillesse

La vieillesse est-elle une calamité ?

Un homme âgé, soucieux de sa santé, alla consulter un médecin. Il se plaignit longuement de sentir ses facultés intellectuelles s'affaiblir, et demanda ce qu'il pouvait faire pour remédier à ce problème. Le médecin l'écouta patiemment, puis lui expliqua que cela était certainement attribuable au phénomène du vieillissement.

Peu satisfait de cette réponse, le patient s'exclama :

— Mais ma vue, elle aussi, s'affaiblit !

— C'est aussi à cause de l'âge, répondit l'homme de l'art.

— Et mes douleurs dans le dos, c'est aussi à cause de l'âge, peut-être, continua le vieillard, agacé.

— En effet, c'est typique de la vieillesse.

— Et le fait que j'ai du mal à digérer tout ce que je mange, j'imagine que je n'y peux rien non plus !

— C'est cela : avec l'âge, le système digestif s'affaiblit peu à peu.

— J'allais vous expliquer aussi que parfois il m'est difficile de respirer, car ma poitrine se sent oppressée, mais bien entendu, vous raconter ceci ne servira à rien, n'est-ce pas ?

— Tout cela est normal en effet ! Vous êtes maintenant âgé, et la vieillesse apporte bien des maux, notre corps s'atrophie, ses capacités de résistance s'amoindrissent. Ce n'est pas très agréable, mais il faut savoir accepter cette triste réalité.

Le vieillard se fâcha alors complètement.

— Vous êtes vraiment un incompétent ! Vous racontez n'importe quoi ! Vous ne connaissez rien du tout à la médecine ! À quoi servez-vous donc, si vous ne pouvez rien guérir ? Toutes les maladies ont un traitement, c'est cela la médecine, mais vous n'en savez rien ! On se demande vraiment où vous avez appris votre métier !

À ces mots, le médecin rétorqua :

— Vous avez maintenant plus de soixante-dix ans ! C'est ce qui explique aussi votre colère et vos paroles remplies d'amertume !

La vieillesse se définit de plusieurs manières. D'une part sur le plan chronologique, par le nombre d'années, comme la dernière partie de la vie. Elle est donc proportionnelle à la totalité du nombre d'années à vivre, ce qui fait varier cette quantité selon les époques et les conditions de vie. Ensuite, ce sont des **étapes** de la vie, liées au fonctionnement individuel et social. L'expression « troisième âge » en est caractéristique : après la période de l'**apprentissage**, ou jeunesse, et celle de l'**action**, ou maturité, vient celle du **retrait**, ou contemplation. La vieillesse se définit aussi par une manière d'être et d'agir, tant celle du corps que de l'esprit. Ainsi, notre culture actuelle prétend **repousser** la vieillesse en promouvant le bien-être, l'hygiène et l'activité chez les personnes âgées, au risque de refuser la réalité de l'âge.

Il est clair que l'affaiblissement du corps, la maladie, les désordres physiologiques et psychologiques, la douleur physique, le manque d'énergie, plus la crainte d'une mort prochaine, peuvent engendrer de l'**anxiété** et un certain repli sur soi, ou sur l'immédiat, comme une retombée en enfance. La vie quotidienne devient plus difficile. La perte des facultés intellectuelles, de la mémoire, de la concentration ou autre, et l'amoindrissement des capacités physiques, débilitantes, entraînent une **diminution de l'autonomie**, qui peut s'avérer pénible ou même insupportable.

Quoi qu'il en soit, au-delà des aléas physiques et circonstanciels, on s'aperçoit que certaines personnes vieillissent bien, et d'autres mal. Il semble que le personnage de notre histoire entre dans la seconde catégorie : il est habité par la colère et l'amertume. Une question s'impose. Vieillit-on comme on a vécu ? Cette dernière période serait alors l'**aboutissement**

cohérent de nos choix existentiels passés. Ou alors la vieillesse constituerait une **ultime chance** de déterminer la nature, le sens et la valeur de notre existence…

La sagesse

La sagesse est tout d'abord une forme de savoir que l'on pourrait définir comme « connaissance juste des choses ». Platon la définit comme « la **connaissance** de ce que l'on sait et de ce que l'on ne sait pas » : la conscience de nos manques et imperfections jouerait un rôle fondamental dans la sagesse. Il s'agit de connaître l'**extension** et les **limites** de nos connaissances pour être sage. On s'aperçoit alors que la sagesse ne touche pas uniquement la question des connaissances, mais aussi celle du comportement quant à soi, quant à la réalité des choses. Car il est une tendance naturelle d'**avidité**, d'excès dans le désir, chez l'être humain, qui lui rend difficile de se résoudre à limiter ses aspirations et ses prétentions, à accepter ses limites, à lâcher prise. C'est pour cette raison que le « Connais-toi toi-même », inspiré du temple de Delphes, reste l'injonction par excellence que Socrate recommande. Il s'agit de se réconcilier avec sa propre finitude comme condition du **dépassement de soi**. C'est ce que n'arrive pas à faire le héros de cette histoire. Il n'accepte pas son vieillissement, ni sa maladie, et parce que sa connaissance de lui-même est biaisée, sa vision « miraculeuse » de la médecine l'est tout autant.

De cela, on passe naturellement à une autre acception du concept de sagesse : « Conduire sa vie et ses actions de manière modérée et prudente. » Il s'agit d'éviter les **excès** et la **démesure**, d'échapper à cette *hybris* si naturelle à l'homme, que les dieux punissent comme péché d'orgueil. Face à ce dérèglement des passions, comme réponse à cette attitude abusive, Aristote nous propose l'idéal du « juste milieu », le « lieu » de la tempérance. Le **milieu**, l'équilibre, l'harmonie sont des indicateurs de perfection et de vertu, la nature du vice étant la disproportion.

La sagesse, c'est aussi le **sens commun**, celui qui nous fait agir et penser avec **discernement**. Là encore, notre vieillard est en décalage : il n'a aucun bon sens. Comme il ne supporte pas la réalité, pourtant évidente, son jugement, ses paroles et ses actes sont insensés. Il est animé par les aberrations de sa propre subjectivité, et non pas par l'objectivité du jugement fondé sur les évidences.

Enfin, la sagesse, c'est le comportement en vue d'un bien, ce qui indique une **dimension critique** puisqu'il s'agit de distinguer et de séparer le bien du mal, le bon du mauvais, le juste du faux, etc. Il ne s'agit plus d'agir au coup par coup, en suivant nos envies, nos pulsions, nos réactions, mais de se maîtriser et de guider ses actions dans un cheminement conscient et juste tel que la raison ou la morale. Notre homme ne cherche pas le bien, il n'écoute que ses envies. Il ne veut pas souffrir, il ne veut pas vieillir, il a peur de ce qui lui arrive, et il se fâche avec toute personne ou tout propos qui ne sont pas conformes à ses expectatives. Ni la vérité ni le bien ne l'animent : il est dans un état de régression infantile totale. Reste à savoir si la sagesse est nécessairement une qualité ou une simple consolation : la **rationalisation** *a posteriori* d'une fatalité peu amène…

Fatalité et fatalisme

La fatalité est le caractère de ce qui est inéluctable. Les phénomènes de cette nature relèvent donc de la nécessité, de la détermination *a priori*. Il semble qu'il y ait une force naturelle ou surnaturelle, comme la nature ou le destin, qui entraîne un **cours implacable** des événements. L'exemple par excellence de la fatalité est le vieillissement accompagné de la mort, sans doute parce que ce phénomène représente pour beaucoup l'aspect le plus inévitable et le plus déplaisant de la vie. On peut néanmoins se demander si la fatalité en est réellement une. Car en la problématisant, nous avons deux attitudes différentes possibles, fondamentalement opposées. D'une part l'acceptation de cette fatalité, quand *nolens volens* nous nous réconcilions avec elle, au pire nous l'acceptons, ce qui peut se nommer **fatalisme** ou **déterminisme**. D'autre part, son refus, à travers une revendication de liberté, d'autonomie ou de puissance du sujet, ce que l'on peut appeler **volontarisme**.

Du côté du « fatalisme », nous trouvons par exemple le stoïcisme, bien que l'on puisse préférer ici le qualificatif de « déterminisme », car le principe qui régit l'ordre des choses est rationnel – quand bien même il est de nature divine – et reste donc relativement prévisible, et assimilable à une démarche scientifique. Le destin peut être alors défini comme la **chaîne causale** des événements. Le fatalisme « pur » serait plutôt de nature religieuse : la cause des événements est attribuée à la **puissance divine**, dont la raison, si raison il y a, n'est pas accessible à notre intellect réduit. On peut uniquement subir la réalité des choses sans prétendre l'expliquer ou y trouver du sens. Bien que, là encore, on puisse opposer une vision religieuse où l'homme se doit principalement d'accepter passivement la volonté divine, à celle où l'homme se doit plutôt d'agir en fonction de cette volonté. En opposition au fatalisme, nous trouvons l'**existentialisme**, par exemple Sartre, pour qui la réalité de notre existence ne se définit pas par un quelconque *a priori* de nature ou de transcendance, mais à partir d'un **projet délibéré**, d'actions déterminées par le sujet. Néanmoins, si le fatalisme peut être synonyme de pessimisme et défaitisme, puisque nous ne pouvons rien changer au cours des événements, on peut aussi y trouver du courage, même de la témérité, un certain **jusqu'au-boutisme radical**, puisque de toute façon les dés sont déjà jetés.

Accepter ou refuser la « réalité » des choses : voilà une des questions les plus fondamentales qui s'imposent à nous. La sagesse serait alors de savoir distinguer ce qui relève de notre **pouvoir** et ce qui n'en dépend pas. Quoi qu'il en soit, les avis ne seront pas les mêmes, et c'est précisément ce qui se passe dans cette histoire. Le médecin explique tout ce qui arrive à son patient par le fait de son âge, un phénomène inéluctable qui entraîne des actions irréversibles. Que ce soit son état physique ou mental, tout est engendré par le processus et l'état de vieillissement. Ce docteur est-il rationnel ou insensible ? Paradoxalement, il invite implicitement son patient à **accepter** cette réalité, tout en expliquant son amertume, sa colère et son refus de résignation par ce même âge. Sans doute lui demande-t-il de sublimer cette détermination. Là se trouverait sa seule et véritable liberté : changer le regard qu'il porte sur les choses.

Le patient peut être qualifié au choix de volontariste ou de têtu. Sa critique de l'impuissance du médecin et de sa science peut être perçue comme pertinente, dans la mesure où ce dernier veut tout justifier avec la même explication : les effets de l'âge. On peut penser que cette explication est facile, fataliste et incompétente. En revanche, on peut aussi trouver le patient ridicule dans la mesure où il refuse la réalité de sa situation, exprimant sa méfiance et son ressentiment envers le médecin, résistance qui reflète simplement sans doute la **souffrance morale** et l'**amertume** qui l'ont envahi.

Compréhension

– L'homme va-t-il consulter le médecin parce qu'il est malade ?

– L'homme avait-il besoin d'aller chez le médecin ?

– Le médecin est-il empathique envers son malade ?

– Le médecin est-il un bon médecin ?

– Le patient a-t-il raison de s'emporter contre son médecin ?

– Est-ce l'âge qui est cause de la colère du patient ?

– L'homme cherche-t-il une forme de consolation ?

– L'homme sait-il vraiment ce qu'il veut ?

– L'homme est-il un sage ?

– Le médecin est-il un sage ?

Réflexion

– Doit-on combattre la vieillesse ou l'accepter ?

– La vieillesse est-elle un aboutissement ou une déchéance ?

– Existe-t-il plusieurs formes de sagesse ?

– Avons-nous une obligation morale d'être sage ?

– La modération est-elle toujours recommandable ?

– La fatalité est-elle une réalité ou une croyance ?

– Peut-on aimer la fatalité, comme le recommande Nietzsche ?

– Vaut-il mieux changer ses désirs que l'ordre du monde, comme le propose Descartes ?

– Notre regard détermine-t-il la réalité des choses ?

– Peut-on abuser de la médecine ?

9/ Le partage

L'amitié débouche-t-elle toujours sur le conflit ?

Au cours d'un long et pénible voyage, trois hommes s'étaient liés d'amitié. Ils avaient partagé plaisirs et peines, ils mettaient toutes leurs ressources en commun. Néanmoins, un soir, après avoir longtemps marché, les provisions s'étant amenuisées, il ne resta plus en tout et pour tout qu'une gorgée d'eau au fond d'une gourde et un quignon de pain. Ne sachant comment se répartir une si maigre quantité, ils ne purent s'entendre et finirent par se disputer.

Comme le soir tombait, l'un d'entre eux suggéra d'aller se coucher et de remettre la décision au lendemain.

« Allons plutôt dormir, dit-il, et au réveil, celui qui aura fait le rêve le plus significatif décidera de la marche à suivre. »

Les deux autres acceptèrent la proposition.

Le lendemain, ils se levèrent à l'aube. Le premier commença à raconter :

— Voici mon rêve. Je fus transporté en un lieu merveilleux, tellement plaisant qu'aucun mot ne peut le décrire. J'y ai rencontré un vieillard qui m'a dit : « La nourriture te revient de plein droit car ta vie, passée, présente et future, est méritoire et suscite à juste titre l'admiration de tous.

Puis ce fut le tour du deuxième.

— Ce n'est rien, à côté de mon propre rêve. J'y ai vu se dérouler en un instant la totalité de mon existence, passée et future. Puis m'est apparu un être étrange, une sorte d'ange, qui m'a annoncé : « C'est toi qui mérites de boire l'eau et de manger le pain, car tu es plus savant et plus patient que tes deux compagnons. Tu dois être bien nourri, car ton destin est de guider les hommes.

Le troisième voyageur parla à son tour.

— Dans mon rêve, je n'ai rien vu du tout, je n'ai rien entendu, je n'ai rien dit non plus. Mais j'ai senti une force irrésistible et mystérieuse qui m'a poussé à me lever, à prendre le pain et l'eau, et à les consommer sur-le-champ. Je n'ai pas pu résister, et c'est ce que j'ai fait. »

Inspiration – Intuition – Révélation

Les trois hommes n'arrivent pas à s'entendre pour décider d'un **partage**. Pourquoi renverraient-ils leur décision à la comparaison de leurs différents rêves ? On peut y voir plusieurs raisons. La première correspond au proverbe : « La nuit porte conseil ». Certains processus ne peuvent s'accomplir immédiatement, le temps de la **maturation** est nécessaire. C'est une forme de **sagesse** que de savoir pratiquer cette **patience** qui nous permet de différer nos actions afin de leur accorder leur juste mesure.

L'autre justification de cette attente, liée à la première, est le principe de l'intuition. Dans cette perspective, ce n'est ni notre volonté, ni notre rationalité qui nous permettent de **juger** adéquatement, mais l'inspiration, c'est-à-dire une forme de connaissance directe et immédiate, non maîtrisée, qui ne s'appuie pas sur les processus discursifs, volontaires et conscients, ceux de la raison. Ainsi, la décision ou le jugement espérés s'imposent à nous par des voies que nous ignorons, et le résultat « surprenant » nous apparaît comme une révélation. Il s'agit simplement d'attendre, d'avoir confiance, et d'être disposé à **entendre** en temps voulu cette voix intérieure qui nous dicte la solution au problème.

Bien entendu, cette puissance « miraculeuse » accordée à l'intuition fut souvent critiquée, en particulier par les philosophes rationalistes qui voyaient là une **capitulation** de la raison, un subterfuge de l'intellect paresseux. De plus, celui qui adhère à cette vision « instantanée » du savoir tombe facilement dans le piège de la **toute-puissance**. Grâce aux rêves et aux dieux, il fait l'économie de l'**argumentation**. Se croyant « inspiré », la simple hypothèse de son erreur lui est impensable, ce qui le rend rigide et borné, incapable d'une quelconque distance critique quant à lui-même. « Tu t'invites trop vite à la table du divin », écrivit ainsi en guise de critique Hegel à Schelling, philosophe de l'identité, pour qui « tout est parfaitement un » : réel et idéal, nature et esprit, etc. C'est sans doute une des caractéristiques qui oppose le prophète, voire le sage, au philosophe : le premier est le **réceptacle** d'une connaissance qui le dépasse, le second peut rendre compte de ce qu'il sait, puisque son savoir provient des **données empiriques** ou d'un **raisonnement**. Certes, la psychologie moderne fournit des explications moins mystérieuses et surnaturelles pour ce type de révélations : il s'agirait tout simplement du travail de notre **inconscient**. Mais dans le fond, cela ne change guère la problématique : doit-on raisonner pour savoir, ou doit-on plutôt faire confiance à notre inspiration ? Nos trois hommes, visiblement épuisés, trop entêtés ou à court d'arguments, choisissent finalement la seconde option, à tort ou à raison.

Le mérite

Les trois hommes se disputent à propos d'un reste d'eau et de nourriture. Après s'être reposés, en comparant leurs rêves différents, c'est la question du mérite qui se pose comme sujet central du débat, au moins pour les deux premiers protagonistes de l'histoire. Le troisième court-circuite totalement ce concept. Celui-ci renvoie à un présupposé de valeur : avoir du mérite, c'est avoir de la valeur. En ce qui concerne l'être humain, le mérite comporte en général une **connotation morale**, liée souvent à l'action : le courage, l'intégrité, la persévérance, etc. Dire d'une personne qu'elle n'a guère de mérite implique qu'elle n'a dû fournir aucune de ces qualités pour accomplir l'action en question. En conséquence de cela, celui qui a du mérite est digne d'une récompense. Cela implique un certain **droit**, voire une exigence. Le concept de mérite peut prendre une connotation neutre, positive ou négative (il mérite d'être puni ou récompensé) ou bien exclusivement positive (c'est un homme de mérite).

Si le « mérite » a lieu d'être, c'est qu'il se trouve une valorisation. Or s'il y a **valorisation**, il y a nécessairement comparaison, donc hiérarchisation et concurrence, désir et possession, opposition et conflit. À cela, nous pourrions bien entendu opposer les conceptions de don, de générosité ou d'abandon. Les trois hommes partageaient, ils étaient « amis », et tant qu'il y avait assez pour tous les trois, cela leur convenait. Mais au moment où les vivres viennent à manquer, l'homme redevient un loup pour l'homme, selon la fameuse phrase de Hobbes.

Maintenant, examinons quels autres **critères** les hommes auraient pu utiliser. Le hasard, l'état physique de chacun, l'âge ou autres critères auraient tout aussi bien pu faire l'affaire. Pascal recommande d'ailleurs d'éviter de juger sur la valeur morale pour trancher un problème : il lui préfère l'**arbitraire** et le **conventionnel**, nettement plus faciles d'utilisation. Comparer sur le mérite est presque une contradiction de terme, un oxymore : la comparaison va à l'encontre du mérite. Si celui-ci se revendique, il est dépourvu de **sens** : le véritable mérite ne mérite rien, il est sa propre récompense. Ce serait comme « exiger le respect » ou « commander un don ». En clamant leur « valeur morale » et en revendiquant pour cela une récompense, les deux premiers personnages se disqualifient par eux-mêmes : « La vraie morale se moque de la morale », dirait ici Pascal. D'autant plus que l'enjeu du débat est presque ridicule. Il est intéressant de noter que cette concurrence « morale » a lieu au moment où disparaissent l'**équité** ou l'**égalité**. Décréter sa propre « moralité » relève de la **tartufferie**. De ce point de vue, le troisième personnage a l'avantage d'être relativement honnête et sans ambages. Au jeu de la concurrence, il est le plus fort, car le plus transparent : il prend à sa guise. Il est le **révélateur** de la situation, celui qui ne s'embarrasse pas de politesses ni de manières. Il démonte l'**hypocrisie** des conventions sociales et expose le rôle prépondérant de la **mauvaise foi**.

L'énigme

Certaines histoires soufies ont une morale implicite qui paraît relativement claire, d'autres sont beaucoup plus paradoxales. Elles ressemblent en cela aux koan du bouddhisme zen. Ce sont de petites histoires ou de simples aphorismes quelque peu paradoxaux, absurdes ou cryptiques, qui contreviennent à la logique et au sens commun, que le maître propose aux disciples comme sujet de méditation. Elles ont comme vocation de faire **dérailler** la pensée, de l'écarter de ses chemins habituels, afin de provoquer le satori, l'**éveil**. Certes, la présente histoire semble avoir une morale évidente pour le sens commun : au lieu de discuter sans fin, de théoriser et de moraliser, il vaut mieux passer à l'action. Le geste du troisième homme rend caduques et absurdes les pseudo-révélations et autoapologies de ses deux comparses : l'action prime sur les paroles. Mais pour celui qui connaît un tant soit peu la pensée soufie, il se trouve là une dimension quelque peu cynique ou égotiste qui ne convient pas à cette pratique spirituelle.

Le troisième homme montre de manière claire la réalité des deux premiers : il rend explicite le chacun pour soi et de ce fait remporte la mise. Nous montre-t-il par ce biais la **voie** à suivre ? Ce serait la loi du plus fort ou du plus malin. Cela relèverait d'une sagesse paysanne et banale, où l'on prône la ruse et le volontarisme. Or cela ne s'accorde guère avec le **spiritualisme soufi**. Ce dernier exige plutôt l'abandon de la volonté, trop lié à un moi « souverain », puisqu'il s'agit de mourir à soi et de s'abandonner à la volonté divine. De plus, il y a un égoisme sans vergogne qui ne convient pas au **principe d'amour** prôné par les soufis. L'adepte de la sagesse peut donc se sentir interloqué par cette histoire.

C'est sans doute cette **dissonance cognitive** que prétend produire cette histoire. C'est du même ordre que dans les histoires de Nasreddin Hodja, une tradition très populaire des contes soufis, où l'on fait réfléchir à partir de l'**absurde** et de l'**incompréhensible**. Qui a raison dans cette histoire ? Dans l'absolu, personne : on a d'un côté des personnages hypocrites, qui se servent de la morale et de la révélation pour parvenir à leurs fins, de l'autre un personnage ouvertement cynique qui dénonce cette hypocrisie tout en manifestant le même égocentrisme. Le texte est quelque peu énigmatique.

Le choix de l'énigme comme modèle narratif et pédagogique n'est pas accidentel. Il s'agit d'**inviter** le lecteur à méditer en se demandant sans jamais y répondre quelle est l'**intention « réelle »** de l'auteur. Pas question pour l'esprit de se forger une opinion définitive : la pensée se doit de rester dans l'**inachevé**, l'**inchoatif** et l'**éphémère**. Elle doit deviner ce qui se trame derrière cette histoire étrange. Malheureusement, il n'y a rien à deviner. Car une histoire digne de ce nom ressemble à la **vie**, où rien n'est donné : la pensée passe d'erreur en erreur, chaque méprise fournissant généreusement sa part d'intuitions éclairantes et efficaces.

Compréhension

– Les trois hommes sont-ils des amis ?
– Pourquoi les trois hommes se disputent-ils pour si peu de choses ?
– Pourquoi utiliser le rêve comme critère de jugement ?
– Que représentent les anges de ces rêves ?
– Quel est le critère principal utilisé par le premier compagnon ?
– Quel est le critère principal utilisé par le deuxième compagnon ?
– Qu'est-ce qui différentie principalement « l'argument » du troisième homme ?
– Les deux premiers hommes sont-ils honnêtes ?
– Le troisième homme est-il sage ou cynique ?
– L'histoire donne-t-elle raison au troisième compagnon ?

Réflexion

– Peut-on légitimement prétendre être plus « moral » qu'une autre personne ?
– Le « mérite » peut-il être un critère inapproprié ?
– L'amitié entraîne-t-elle nécessairement des conflits ?
– L'action est-elle plus réelle que la réflexion ?
– Nos rêves peuvent-ils nous mentir ?
– Pourquoi les oracles s'expriment-ils souvent de manière énigmatique ?
– Le présent est-il plus important que le futur ?
– A-t-on raison de dire que la nuit porte conseil ?
– Est-il raisonnable de faire confiance en ses intuitions ?
– Le cynique est-il un réaliste ?

10/ Les trois conseils

L'être humain est-il borné ?

Un chasseur attrapa un jour dans ses rets un petit oiseau. À sa grande surprise, sa proie se mit à lui parler. Et l'oiseau entreprit de convaincre l'homme de le relâcher. « Laisse-moi partir, lui dit-il, que feras-tu de moi ? Je ne te serai d'aucune utilité : je suis si petit et si maigre que sur moi tu ne trouveras presque rien à manger. Mais si au contraire tu me rends ma liberté, je te donnerai trois précieux conseils qui t'aideront grandement dans la vie. » L'animal proposa d'ailleurs de lui donner le premier conseil pendant qu'il était encore prisonnier, le deuxième une fois libéré et perché dans un arbre, et le troisième lorsqu'il aurait atteint le haut de la montagne.

Quelque peu perplexe, et surtout voyant qu'en effet il n'avait pas grand-chose à perdre, le chasseur accepta la proposition. Et il s'empressa de solliciter le premier conseil. Alors l'oiseau lui dit : « Si tu perds quelque chose, même si tu y tiens autant qu'à ta vie, ne le regrette jamais. » L'homme fut légèrement surpris de ce conseil, néanmoins il relâcha l'oiseau, qui s'envola et se posa sur une branche. L'homme sollicita le deuxième conseil, et l'oiseau lui dit : « Lorsque tu entends quelque chose qui est contraire au bon sens, ne le crois jamais sans recevoir de preuve. » Puis l'oiseau s'envola tout en haut de la montagne. L'homme, intrigué, le suivit jusqu'au sommet, mais avant qu'il ait pu demander le troisième conseil, l'oiseau lui déclara, d'un ton provocateur : « Oh ! Homme misérable ! Mon corps contient deux énormes et précieux joyaux ! Si seulement tu m'avais tué, tu en serais maintenant le bienheureux possesseur ! »

À ces mots, l'homme se mordit les doigts de s'être ainsi fait berner, en pensant à la fortune qui venait ainsi de lui échapper. Faisant grise mine, il demanda tout de même à l'oiseau de lui donner son troisième conseil.

L'oiseau se fit alors carrément moqueur. « Quel idiot fais-tu ! Tu es là à attendre un troisième conseil, alors que tu n'as ni compris ni même écouté les deux premiers que je t'ai offerts. Rappelle-toi ! Je

   Sagesse des contes soufis

t'ai recommandé de ne jamais regretter quoi que ce soit ; or déjà tu regrettes ce que tu as fait de moi. Je t'ai recommandé de ne pas croire ce qui est contraire au bon sens sans recevoir de preuve ; or tu réussis à croire sans même douter que j'ai en effet deux énormes joyaux dans mon maigre corps. En un rien de temps, tu crois n'importe quoi et tu te lamentes de ce que tu penses avoir perdu ! Tu es vraiment trop bête ! Et tu ne changeras jamais. Comme la plupart des hommes, tu resteras prisonnier de tes préjugés et de ton attitude bornée. »

Désir et aveuglement

Le héros de cette histoire est un chasseur, un homme qui cherche quelque chose, en particulier de la nourriture. C'est un être primaire : il mange ce qu'il trouve. Il représente la brutalité : pour se nourrir, il est prêt à tuer, c'est à cette condition expresse qu'il survivra. Dans cette entreprise, son désir prime sur toute autre considération, en particulier en ce qui a trait aux autres êtres vivants, mais aussi par rapport à la totalité du monde. Pour cette raison, on peut affirmer qu'il est dans la **toute-puissance** : il n'écoute que la voix de son insatiable désir, de son implacable **volonté**.

Lorsqu'il attrape un oiseau, il est surpris de voir que celui-ci se met à lui parler. Déjà, l'**ordre du monde** n'est pas ce qu'il devrait être. L'oiseau lui demande de le laisser en **liberté**, en échange de trois conseils. Mais connaissant le mode de fonctionnement du chasseur – il n'est pas sûr qu'une proposition aussi immatérielle lui suffise –, il utilise un **argument** de poids, sur lequel il insiste : de toute façon, il n'y a pas grand-chose à perdre, son corps étant petit et décharné. Il propose aussi d'accorder le premier conseil pendant qu'il est encore prisonnier, afin sans doute de montrer qu'on peut lui faire **confiance**.

L'homme donne son accord, et lorsque l'oiseau énonce son premier conseil à propos du « regret », on peut supposer que l'homme n'apprécie pas spécialement celui-ci à sa **juste valeur**, mais qu'il tient simplement parole. Ou bien ce conseil ne lui parle pas, mais il est curieux de voir la suite, à moins qu'il n'en entrevoie déjà vaguement l'intérêt, mais rien n'est moins sûr. Le conseil en question touche justement à la situation particulière du chasseur, qui est animé par le désir de vaincre et de posséder : l'oiseau lui recommande de ne jamais **regretter** quoi que ce soit, même les choses de grande valeur. Le maître soufi dit en général à l'élève ce qui le touche de près, même si l'élève ne s'en aperçoit pas tout de suite. On peut imaginer que le chasseur regrette déjà d'avoir donné sa parole, le conseil ne portant pas sur des choses très « pratiques », mais sur un point de sagesse, peut-être trop évanescent. L'homme est trop pris par le désir pour entendre ce qui lui est dit.

Sens commun et sens critique

Le chasseur relâche donc l'oiseau qui s'envole dans l'arbre et donne son second conseil, cette fois sur le **« bon sens »** et sa capacité critique. L'histoire ne mentionne pas ce qui traverse l'esprit de l'homme en entendant ce deuxième conseil, mais par **insatisfaction** ou par curiosité, il suit l'oiseau sur la montagne pour recevoir le troisième conseil. Quelque chose fascine l'homme dans cet oiseau, peut-être le simple fait qu'il parle, ou qu'il prononce des paroles inhabituelles, à moins qu'il pressente là de profondes vérités qu'il ne saisit pas vraiment. Il en va ainsi bien souvent du rapport entre le sage et l'homme commun, soucieux de choses pratiques et matérielles.

C'est sans doute pour cela, qu'une fois sur la montagne, l'oiseau/ maître décide qu'il est temps de **mettre à l'épreuve** son élève, en lui tendant un piège. Il lui raconte donc l'histoire des deux énormes joyaux qui se trouvent dans son corps. Bien entendu, notre homme avale l'hameçon, montrant ainsi qu'il n'avait pas compris, ou pas donné foi aux deux premiers conseils. Il montre une attitude possessive, qui ne supporte pas de perdre quoi que ce soit, quitte à se rendre malheureux par son attachement démesuré aux choses.

Aveuglé par le sentiment de **possession**, il prend cette parole pour argent comptant, sans réfléchir une seule seconde, alors qu'il lui a été conseillé de ne jamais accepter sans preuve quoi que ce soit qui va à l'encontre du sens commun. Ou alors il devrait en effet bien croire l'oiseau, mais en se demandant comment une telle idée pourrait avoir du **sens**. Mais il ne peut certainement pas envisager l'hypothèse qu'il s'agirait d'une **métaphore** pour désigner les deux conseils déjà offerts : sa vision du monde est trop matérielle et réductrice. Dans cette même veine, on remarquera que sur le plan moral, pour le chasseur, la vie de l'oiseau ne pèse rien par rapport à l'idée de richesse. Pas un instant cet aspect des choses n'aura un quelconque effet dans l'**articulation** de son jugement. Après tout, il est chasseur !

Conscience et provocation

La raison est obscurcie par la prégnance et l'emprise de l'expectative, par l'**appât du gain**. Ainsi notre chasseur n'entend rien, ou bien oublie tout. Et l'oiseau lui en fait la remarque. Pourquoi attendre le troisième conseil, s'il ne fait pas siens les deux premiers, si à la première mise à l'épreuve, il abandonne ou renie les paroles de sagesse qu'il a reçues : il tombe avec une facilité déconcertante dans le **regret** et la **crédulité**. « Tu es vraiment trop bête ! » lui dit-il. Mais combien d'hommes sont ainsi, qui croient n'importe quoi ? En particulier si cela fait écho à leur veulerie, à leur avidité, à leurs phantasmes, à leur médiocrité, à leur bassesse, à leur petitesse d'esprit. On peut se demander ici si l'oiseau dit cela au chasseur en espérant qu'il puisse un jour **changer**, pour l'y inciter, ou simplement pour lui parler ouvertement. Si l'on s'en tient au schéma soufi, l'oiseau/maître dit ce qu'il a à dire, en provoquant son disciple : libre à ce dernier de prendre conscience et d'évoluer, ou non. Le principe de réalité est de mettre chacun face à ses **responsabilités**, et de laisser ensuite le sujet décider par lui-même de la manière dont il réagira par rapport à cette mise en évidence du problème.

Certes, on peut penser que notre oiseau/maître est violent. Mais cela est comparable à l'**ingratitude**, à l'indigence morale et intellectuelle du chasseur. Ce dernier semble avoir besoin d'un choc mental, d'une **rupture** qui produise chez lui une **dissonance cognitive**. L'oiseau se moque du chasseur : ce dernier prend son avidité au sérieux, mais pas ce qui l'est véritablement. D'ailleurs, il a reçu son troisième conseil, mais il ne s'en aperçoit même pas.

Le premier conseil offrait un conseil moral : comment être **heureux**. Le deuxième offrait un conseil intellectuel : comment **penser**. Le troisième est une interpellation directe du sujet, afin de provoquer un **choc salutaire**. *« Satori subit »*, dirait-on dans la pratique zen. Nul ne sait ce qu'il en adviendra. Il faut espérer un sursaut de la conscience.

Quelques questions
pour approfondir et prolonger

Compréhension

– Pourquoi le chasseur libère-t-il l'oiseau ?

– Pourquoi le chasseur est-il surpris par le premier conseil ?

– Quelle est la différence entre le premier et le deuxième conseil ?

– Pourquoi l'oiseau raconte-t-il l'histoire des joyaux ?

– Pourquoi le chasseur ne fait-il pas sien les conseils de l'oiseau ?

– L'oiseau a-t-il en fait donné un troisième conseil ?

– Pourquoi l'oiseau est-il aussi sarcastique ?

– Pourquoi le héros de cette histoire est-il un chasseur et non un cultivateur ?

– Le chasseur a-t-il appris quoi que ce soit durant son aventure ?

– Que représente l'oiseau dans cette histoire ?

Réflexion

– Faut-il ne jamais rien regretter ?

– Sommes-nous tous des chasseurs ?

– Faut-il ne rien croire d'étrange sans preuve ?

– L'être humain est-il en général borné ?

– Nos désirs sont-ils de mauvais conseillers ?

– Qu'est-ce qui nous empêche de changer ?

– Est-il approprié de se moquer d'une personne pour l'éduquer ?

– Le sens commun est-il un critère adéquat de jugement ?

– Le bon sens est-il commun ?

– L'être humain est-il curieux par nature ?

11/ Mahmoud l'indécis

Aimons-nous être des victimes ?

Mahmoud n'arrivait pas à se déterminer, il ne savait comment mener sa vie. Après quelques vagues tentatives et expériences diverses qui avaient tourné court, de nombreux doutes l'envahirent. Il envisageait plusieurs perspectives, mais échaudé par son passé, craignant de se tromper à nouveau, il n'arrivait pas à se décider sur le bon chemin à prendre. De surcroît, sa situation personnelle commençait à poser problème sur le plan pratique, car il avait du mal à subvenir à ses propres besoins.

Un beau jour, il décida d'aller prendre conseil auprès d'un sage soufi.

— Que dois-je faire de ma vie ? lui demanda-t-il. Quelles décisions dois-je prendre ? Je ne sais plus quoi faire...

Patiemment, l'homme écouta quelque temps les lamentations de Mahmoud, puis il l'interrompit :

— C'est très simple Mahmoud ! Va dans la forêt, observe la nature, prends exemple sur elle, et tu recevras certainement une saine leçon de vie.

Mahmoud obéit et s'en alla dans la forêt. Il regardait attentivement, sans vraiment rien conclure, lorsqu'il aperçut près d'un buisson un renard qui se prélassait tranquillement, la panse visiblement bien rebondie. Puis, en regardant de plus près, à sa grande surprise, il s'aperçut que pour quelque étrange raison, l'animal n'avait aucune patte. Mahmoud fut intrigué. Il se posa des questions.

— Comment ce renard fait-il donc pour se nourrir ? Comment peut-il attraper un quelconque gibier ?

Bien décidé à en avoir le cœur net, il s'installa et fit le guet. Peu de temps après, un ours abattit tout près de là une gazelle, la dévora bruyamment puis partit en abandonnant la carcasse.

Lorsque la voie fut libre, le renard sortit du buisson, rampa jusqu'à la charogne pour en grignoter les restes.

— Eh bien voilà ! exulta Mahmoud, voilà une belle leçon, très facile à comprendre !

Sûr d'avoir trouvé la réponse à ses questions, il quitta la forêt, décidé à tirer parti de cette excellente leçon de vie.

Deux ans plus tard, un clochard famélique frappa à la porte du sage soufi. Après un moment d'incertitude, l'homme finit par reconnaître Mahmoud sous les haillons crasseux et les traits émaciés ; il avait visiblement souffert et physiquement bien changé. Mahmoud, épuisé, se plaignit amèrement.

— J'ai suivi ton conseil, mais cela n'a pas fonctionné. J'ai suivi l'exemple de la nature, mais elle m'a donné une très mauvaise leçon, gémit-il. J'ai essayé, mais cela ne marche pas. Regarde mon état, et tu comprendras combien j'ai souffert.

— Mais que s'est-il donc passé ? demanda le sage.

— Je suis allé dans la forêt observer la nature, comme tu me l'avais recommandé. J'ai vu un renard dépourvu de pattes qui pourtant ne manquait de rien. Les choses semblaient arriver à lui le plus naturellement du monde. Alors moi aussi je me suis assis en attendant patiemment : j'avais confiance, j'espérais que les choses se passeraient par elles-mêmes. J'ai attendu exactement comme le renard, mais rien de bon ne m'est jamais arrivé. À présent me voilà pauvre, malade et sans ressources. Le monde est vraiment sans pitié !

Le sage hocha la tête d'un air entendu.

— Mon pauvre Mahmoud ! La leçon était parfaite, d'après ce que tu me racontes, mais je crains que l'élève ne soit un peu borné. Toi qui as des pattes, pourquoi donc as-tu choisi d'imiter le renard ? Ton modèle était l'ours, plutôt ! Sers-toi des attributs que la nature t'a donnés ! Tu pourras te nourrir toi-même, et tu pourras nourrir aussi les faibles.

Mahmoud est un velléitaire. Il manque de **confiance**, car il lui semble que tout ce qu'il entreprend échoue. À divers degrés, ce qui est décrit ici est un problème tout à fait courant : celui de l'indécision. Les personnes affligées par ce type de **difficulté** désirent atteindre de nombreux objectifs, sans y arriver réellement. Et chaque fois qu'ils décident, le doute les envahit.

Ils ne savent pas **se centrer**, se canaliser. Ils veulent être sûrs d'avoir fait le bon choix, plutôt que de s'engager : ils ne comprennent pas la **dimension arbitraire** des chemins de l'existence. Ils ignorent qu'il n'est pas tellement question de faire la « bonne chose », mais de « bien faire » la chose que l'on fait, quelle qu'elle soit.

Ainsi finissent-ils par **abandonner** leurs projets, par lassitude, ou aisément découragés par la première difficulté venue. Ce qui renforce et justifie leur sentiment d'**impuissance**. La prise de risque coûte à ces personnes : ils ne supportent ni l'obstacle, ni l'**échec**. Ils sont affligés d'une sorte de personnalité infantile où tout doit réussir immédiatement, la douleur de l'**incertitude** leur est invivable, surtout s'il faut continuer à agir pendant ce temps. Ils s'irritent, se découragent, s'interrompent et se plaignent.

Le doute

Le doute ne nourrit pas. Lorsqu'il nous affecte, il nous paralyse. C'est d'ailleurs la raison pour laquelle René Descartes, qui pourtant présente le doute comme instrument de pensée critique, propose aussi ce qu'il nomme **« morale provisoire »**. Le doute est utile s'il est méthodologique, c'est-à-dire si l'on peut formuler des raisons concrètes de douter, que l'on peut analyser, auxquelles on peut répondre, que l'on peut réfuter par d'autres arguments. Sans quoi il s'agit d'un doute purement psychologique, une sorte d'incertitude compulsive, sans intérêt et contre-productif. Il nous met en garde contre ce doute, qu'il nomme hyperbolique, à cause de son caractère excessif. Celui-ci ne nous permet plus de juger quoi que ce soit ; la réalité finit ainsi par s'estomper. Comme moyen de sortir des **tergiversations** éternelles, il nous propose la « morale provisoire », qui consiste à prendre un chemin, quel qu'il soit, et à s'y tenir le plus longtemps possible, à moins de trouver une raison valable d'en changer. Cette « morale » instaure une **hypothèse de travail**, sur laquelle on s'engage faute de certitude, au mieux, dans la durée, tout en restant ouvert à la **critique** et à d'autres alternatives.

Mahmoud, faute de morale provisoire, incapable de faire un choix et de s'y tenir, prend une autre décision : solliciter l'**avis** d'un expert, en l'occasion un sage soufi. Celui-ci écoute un moment Mahmoud, le temps de comprendre son **désarroi** et le degré de son impuissance, mais il préfère écourter l'expression de la plainte. Il fait irruption dans la subjectivité avec un principe de réalité, plus objectif : la **nature**. Tout est là, il ne reste qu'à observer. C'est une manière de dire à Mahmoud qu'il se complique la vie pour rien, qu'il se noie dans un verre d'eau, car il s'écoute trop lui-même.

La complaisance

Mahmoud, perdu, n'attendait sans doute qu'une parole d'**autorité** pour émerger de son marasme. Parole d'autant plus recevable qu'elle renvoie à une réalité, indiscutable et toute-puissante : la nature. Trop heureux de trouver une assise, il s'empresse d'obtempérer. Or que rencontre Mahmoud ? Un renard lourdement handicapé qui se trouve très bien de son sort, car tous ses besoins sont satisfaits par la **providence**. Mahmoud s'identifie promptement à cet animal handicapé : il en est presque rassuré. L'impuissance est ici justifiée, voire récompensée, puisqu'il n'y a guère besoin de se démener pour satisfaire ses propres nécessités. Il suffit s'attendre, d'être patient, et tout arrive. Pas étonnant que Mahmoud se précipite sans plus attendre sur cette « leçon » qui est tout à fait dans ses cordes, pour se l'appliquer à lui-même. Et comme tous les indécis, une fois qu'il a pris une « grande » décision, il ne la lâche plus : quoi qu'il arrive, il se cramponne et s'entête, sans plus se questionner. Quand bien même il n'arrive plus à se nourrir et commence à dépérir, il est incapable de **repenser** son hypothèse : il préfère s'arc-bouter peureusement sur sa position plutôt de se confronter à nouveau aux affres provoquées par l'incertitude de la prise de décision. Et il en paie les conséquences, par la **dégradation** et la **déchéance** de son corps, et sans doute de son mental.

L'explication qu'il donne au sage qui le questionne sur son apparence est assez révélatrice de son état mental. Il avait « confiance », il « espérait », il « attendait »… Tout comme la première fois, Mahmoud pleure sur son sort. Sauf que maintenant il a de meilleures raisons encore de se plaindre : il est une **victime**, et les victimes ont toujours raison ! Il a obéi, il a suivi les **conseils** du maître, ceux de la nature, et il a été honteusement trahi.

Évidemment, le sage, qui a compris le problème de Mahmoud, lui montre le ridicule de sa situation, causé par l'**absurdité** de sa décision. Pourquoi a-t-il choisi le modèle de l'invalide ? Pourquoi tient-il tant à se présenter comme une victime, plutôt que comme un acteur vigoureux, qui s'assume lui-même ? Pourquoi Mahmoud a-t-il donc peur d'**exister** ? En même temps, de manière allusive, sans trop espérer que son interlocuteur comprendra, le sage lui offre une clef : tu es trop centré sur toi-même, tu dois apprendre à grandir en pensant à autrui. Autrui existe, avec ses propres besoins et difficultés. Peut-être était-ce là pour Mahmoud une **étape nécessaire**. Après tout, le maître peut espérer : l'histoire n'est peut-être pas finie, puisque le nom Mahmoud signifie « celui qui mérite les louanges ». À moins que cette appellation ne relève d'une **ironie** d'auteur. L'histoire ne dit pas si Mahmoud réussira à devenir adulte.

Quelques questions
pour approfondir et prolonger

Compréhension

– Pourquoi Mahmoud n'arrive-t-il pas à trouver sa voie ?
– Quelle conception Mahmoud a-t-il de lui-même ?
– Mahmoud est-il un bon observateur ?
– Pourquoi Mahmoud choisit-il la voie du renard plutôt que celle de l'ours ?
– Mahmoud est-il de nature confiante ?
– Le sage avait-il raison de proposer à Mahmoud les leçons de la nature ?
– Mahmoud a-t-il compris le conseil du sage ?
– Pourquoi le sage traite-t-il Mahmoud de « borné » ?
– Quel est le principal problème de Mahmoud ?
– Mahmoud a-t-il appris quelque chose au fil de l'histoire ?

Réflexion

– La nature est-elle un maître fiable ?
– Faut-il croire en la providence ?
– Pourquoi aimons-nous nous plaindre ?
– Pourquoi est-ce souvent difficile de choisir ?
– Le désir de perfection est-il un bon guide dans l'existence ?
– Apprenons-nous uniquement ce qui nous convient ?
– Le monde est-il impitoyable ?
– La passivité est-elle nécessairement un défaut ?
– Est-ce bien ou mal de douter ?
– Est-il vrai, comme le dit Hegel, que « la peur de l'erreur est la première erreur » ?

12/ Les crottes

La différence nous pose-t-elle problème ?

Un jour, au milieu du marché aux épices et aux parfums, un homme s'effondra soudainement et tomba sur le sol, évanoui. Il n'avait plus de force dans les jambes. Sa tête tournait, incommodé qu'il était par l'odeur de l'encens brûlé par les marchands. Ces derniers, ainsi que des badauds se précipitèrent pour lui venir en aide. Certains lui massèrent le cœur ou les bras. Une femme lui versa de l'eau de rose sur le visage, pensant que cela lui rendrait vigueur et le referait revenir à lui. Pendant ce temps-là, d'autres encore essayaient de lui enlever ses vêtements pour le faire respirer. Puis un homme, visiblement versé dans la science médicale, vint lui prendre le pouls, puis suggéra de simplement laisser le malade tranquille et de patienter.

Tout autour, les discussions allaient bon train. Certains diagnostiquaient un abus de boisson ou un excès de haschich, d'autres optaient plutôt pour un manque d'eau ou de nourriture, ou attribuaient le malaise simplement à la chaleur ambiante. Chacun expliquait la situation à son voisin à partir de sa propre expérience : ils racontaient ce qui leur était arrivé personnellement, ou ce qu'ils avaient observé chez leurs proches. Mais finalement, dans ce brouhaha, personne ne trouvait de remède, et l'homme restait toujours allongé, inconscient.

Or, le frère de cet homme était tanneur, qui tenait échoppe un peu plus loin, avec son frère. Il ne tarda pas à apprendre ce qui s'était passé, et dès qu'il connut la nouvelle, il courut au marché, tout en ramassant sur son chemin diverses crottes de chien qu'il put trouver, qu'il garda à la main. Arrivé sur le lieu du drame, il fendit la foule en disant : « Laissez-moi passer ! Je sais quoi faire. Je connais la cause de son mal ! »

Cachant bien son « médicament » qui risquerait de susciter des réactions de dégoût, l'homme parvint jusqu'à son frère, et se pencha vers lui comme pour lui dire un secret à l'oreille. Pendant ce temps, discrètement, il lui posa la main sur le nez. En respirant l'odeur de ce que contenait cette main, l'homme reprit aussitôt connaissance. Les curieux qui observaient la scène depuis un certain temps furent très étonnés. Ils soupçonnèrent immédiatement quelque pouvoir magique. On entendit même certains qui affirmèrent : « Cet homme a un souffle puissant. N'a-t-il pas réussi à réveiller un mort ? » Puis l'homme se releva et repartit avec son frère comme si de rien n'était.

Ce qui est bon, agréable ou sain pour les uns ne l'est pas nécessairement pour les autres. Une différence qui n'est pas toujours facile à comprendre ou à admettre, en particulier lorsqu'une vaste majorité se trouve d'accord sur un point donné. Car cette opinion devient alors une **certitude établie**, puisqu'elle relève du sens commun.

Ainsi, qu'une personne soit incommodée par les « bonnes odeurs » qui émanent du marché aux épices et aux parfums n'est pas une idée évidente. Plus encore, lorsque ces odeurs dérangent au point de se trouver mal et de s'évanouir, cela paraît très étrange. C'est pourtant ce qui arrive au héros de notre histoire qui s'effondre au milieu du marché. Bien entendu, comme d'habitude, un tel événement attire à la fois les bonnes volontés et la **curiosité**. Nous sommes fascinés par ces situations limites qui renvoient à la **finitude** de l'être, attirantes et repoussantes. Nous souhaitons à la fois agir sur elles et les contempler, question de tempérament ou de circonstances.

Ainsi, plusieurs personnes tentent d'agir sur le pauvre malade, tandis que d'autres observent et commentent. Ceux qui agissent, animés par leur bonne volonté, le font selon leurs capacités et leurs intuitions du moment, aussi limitées soient-elles. Un « expert », un peu plus avisé que la moyenne, déclare néanmoins son **impuissance** et recommande la **patience**. Hélas, tous ces braves gens ne peuvent comprendre ce qui arrive à cet homme, puisque son fonctionnement échappe au sens commun.

Les bonnes intentions

Cette femme qui bassine le visage du malade avec de l'eau de rose, sans pouvoir en imaginer les **conséquences**, contribue au mal qui l'affecte, puisque précisément ce sont les « bonnes odeurs » qui posent problème à notre homme. On peut penser à l'antique proverbe : « Le chemin de l'enfer est pavé de bonnes intentions ». Il est souvent interprété comme une critique des intentions qui ne sont pas suivies d'actions. Mais plus encore, il semble critiquer la **« bonne conscience » agissante**, la « sincérité » qui opère « pour le bien », sans le moindre scrupule ou sans arrière-pensée, cette « bonne volonté » qui se démène « pour autrui », sans douter le moins du monde. On peut ici penser aussi à la phrase de Nietzsche : « Bien des choses me répugnent chez les gens de bien, et je ne parle pas du mal qui est en eux. » La bonne conscience nous fait accomplir les pires choses, justement parce qu'elle est aveugle et terriblement complaisante. **Autrui** n'existe pas pour elle : les autres existent uniquement comme prétexte au **déploiement de soi**. Merveilleuse eau de rose, universellement appréciée ! Comment cette brave dame pourrait-elle imaginer que ses effluves constituent un véritable poison pour notre tanneur !

Étranger et dégoût

Tout autour des « acteurs », les « commentateurs » mènent bon train : les **certitudes** foisonnent. Pour ces derniers, le malade existe peu : il n'est que l'objet de leur curiosité, c'est-à-dire un simple **faire**-**valoir** qui leur permet de mettre en œuvre l'infantilisme du « moi aussi ». La situation n'est que **prétexte** à donner son opinion, à raconter des anecdotes, et à parler de soi. Certains n'hésitent pas à accuser à tort le pauvre malade. Définitivement, autrui n'existe plus comme un être en soi, il n'est plus qu'un presque rien. L'étranger, celui que l'on ignore et qui se comporte étrangement n'a plus aucune dignité, il ne mérite aucun respect.

Heureusement, cet homme a un frère, tanneur comme lui. Il existe au moins une personne pour qui le malade est une personne, un **être singulier**, doté d'une existence propre, et non pas une chose. D'autre part, comme il est son frère et qu'ils font le même métier, l'un connaît l'autre.

Il faut savoir que traditionnellement les tanneries se trouvent un peu à l'écart des autres échoppes du marché, pour une raison bien précise : l'odeur pestilentielle qui caractérise leur activité. Les odeurs proviennent d'une part de la **purification** des chairs, dont il s'agit de se débarrasser et d'autre part de divers produits corrosifs dont il faut se servir pour réaliser ce processus.

Dès qu'il apprend ce qu'il s'est passé, le frère comprend ce qui a rendu son frère malade : les « bonnes odeurs ». Il se précipite et ramasse des crottes de chien. Bien entendu, il ne peut pas **montrer** cela aux « autres », ceux qui préfèrent les « bonnes » odeurs. À l'inverse, son frère, habitué aux miasmes fétides, aux odeurs de pourriture, à l'atmosphère de décomposition, ne peut supporter les fumées d'encens et autres parfums « délicats », qui le font s'évanouir. Il fait donc semblant de parler à son frère, en lui faisant respirer l'effluve des excréments, ce qui le fait immédiatement revenir à ses **sens**.

Nature et culture

Il y a deux manières de voir le problème du « rejet ». Du point de vue des « bonnes odeurs » et de celui des « excréments ». Dans la première perspective, on peut renvoyer aux citations de la Bible : « Il leur est arrivé ce que dit un proverbe vrai : "Le chien est retourné à ce qu'il avait vomi, et la truie lavée s'est vautrée dans le bourbier" », ou bien « Comme le chien retourne à ce qu'il a vomi, le fou réitère sa folie ». Dans ce cas-ci, le malade est malade parce qu'il ne peut supporter le bien ou le bon.

Cette histoire indique qu'il est difficile de sortir quelqu'un du « bourbier » de ses « mauvaises » habitudes. Certaines versions de la présente histoire prennent ce parti pris. La cause de toutes les maladies est dans la **rupture** des habitudes. Et le remède consiste à les retrouver. Ainsi, celui qui se vautre dans la fange ne peut pas supporter l'eau claire, le menteur ne supporte pas la vérité, le méchant ne supporte pas la justice, etc.

Mais il nous semble qu'une telle analyse fait fi d'une autre possibilité, plus porteuse encore, qui critique l'opinion établie ainsi que l'**hypocrisie** qui la caractérise, ce que l'on peut nommer le « socialement correct », la morale établie. Rappelons ici ce que racontent les chroniqueurs à propos de la cour de Louis XIV : on ne se lavait pas, mais on se parfumait pour cacher les mauvaises odeurs. Peut-être que chez nos tanneurs se trouve justement un principe de réalité, que les « bien-sentants » préfèrent ignorer. Le **mensonge** du parfum serait donc invivable à ces hommes qui ne craignent pas la réalité, aussi organique et impure soit-elle. Et ceux qui nagent dans ce « mensonge collectif » ne peuvent imaginer que leur « parfum » représente pour d'autres une puanteur insoutenable. Pour comprendre ce problème, on peut observer comment la « culture », « l'intellectualisme » ou le « style » peuvent périodiquement servir à justifier les comportements les plus primaires ou les idées les plus nauséabondes. Il s'agit uniquement d'**esthétiser** le réel, de se fabriquer une belle image, de sentir bon, de se maquiller, de se montrer sous ses plus beaux atours. Dans cette perspective, on cache **l'envers du décor** pour ne montrer que les **apparences**. On élimine ainsi la finitude, par exemple celle des processus corporels, trop fangeux. Les tabous nous surprennent ou nous choquent uniquement chez autrui, lorsque ce ne sont pas les nôtres. En ce sens, les tanneurs représentent l'acceptation de la **réalité du monde**, sans prétendre être autre chose que ce que nous sommes, sans nous cacher à nous-même. Néanmoins, on peut aussi critiquer ces personnes, pour leur nature primaire et peu éduquée. La culture embellit-elle la nature en la sublimant, ou cache-t-elle honteusement une nature qu'elle ne supporte pas ?

Quelques questions
pour approfondir et prolonger

Compréhension

– Pourquoi les gens se précipitent-ils quand l'homme s'évanouit ?
– Les gens s'intéressent-ils vraiment à la personne qui s'est évanouie ?
– Que symbolisent les odeurs dans cette histoire ?
– Pourquoi vaudrait-il mieux ne rien faire pour le malade ?
– Pourquoi toutes ces personnes veulent-elles commenter ?
– Pourquoi le frère n'ose-t-il pas avouer ce qu'il fait ?
– Que représente le tanneur dans l'histoire ?
– Pourquoi les crottes pourraient-elles susciter du dégoût ?
– Pourquoi les observateurs parlent-ils de « magie » ?
– Qu'est-ce que cette histoire veut nous enseigner ?

Réflexion

– Pourquoi voulons-nous aider autrui ?
– Pourquoi le drame attire-t-il les regards ?
– Qu'est-ce qui engendre le dégoût ?
– Ce qui est bon peut-il nous faire du mal ?
– Pourquoi dit-on que « l'enfer est pavé de bonnes intentions » ?
– Pourquoi aimons-nous commenter ce qui nous arrive ?
– Pourquoi devons-nous cacher certaines choses pourtant communes à tous ?
– Avons-nous besoin de tout expliquer ?
– La différence nous incommode-t-elle ?
– Faut-il toujours se fier à son expérience ?

13/ Le propriétaire et le mendiant

La morale est-elle universelle ?

Un mendiant passait dans un village, allant de porte en porte pour quémander quelque moyen de subsistance. Arrivé devant une demeure imposante, il frappa à la porte ; le maître de céans ouvrit et lui demanda d'un ton bourru ce qu'il voulait. Le mendiant fit part de sa misère et demanda s'il était possible de lui donner un bout de pain, même rassis, afin de se rassasier. L'homme lui répondit de manière désagréable :

— Tu veux du pain ? Dis-moi, est-ce que cette maison a l'air d'une boulangerie ?

Le mendiant insista.

— Avez-vous quelque fruit, même abîmé ?

— Cette maison n'est pas non plus une épicerie.

— Ou bien un morceau de viande ?

— Nous ne sommes ni une boucherie, ni un abattoir !

— Et un verre d'eau ? Vous avez bien un verre d'eau, non ?

— Vois-tu passer ici une quelconque rivière ?

— Pourrais-je alors au moins me reposer quelques instants sous votre toit ?

Très irrité, l'homme répondit :

— Bien sûr, c'est une auberge, où tout un chacun peut s'abriter à sa guise ! Allez, passe ton chemin, il n'y a rien pour toi ici !

Ainsi, chaque requête du mendiant se vit repoussée d'une manière identique. Soudainement, celui-ci défit son pantalon, et déféqua sur le seuil de la maison.

— Mais que fais-tu là ! s'écria vivement le maître de maison, effaré et scandalisé.

— Je cherchais un lieu propice à la défécation, répondit l'homme, encore accroupi, je l'ai enfin trouvé. En ces lieux, il n'y a ni à boire ni à manger, et on ne peut pas s'y reposer : c'est une véritable ruine, il n'y a rien du tout, personne ne pourrait y vivre ! Cet endroit ne peut manifestement servir que de fosse d'aisance.

Autrui

Autrui, c'est l'autre, celui qui n'est pas moi, mais qui pourtant est mon semblable, un autre moi, un « alter ego ». En autrui s'entrelace le rapport dialectique de l'**identité** et de la **différence**, paradoxe qui évidemment pose problème. Le concept classique, en particulier chrétien, de « **prochain** » capture la même problématique : celui qui n'est pas moi mais qui pourtant est proche, car il est « le plus proche » (du latin *proximus*) ; en ce sens, il fait presque partie de moi-même. Autrui ne peut donc pas m'être réellement étranger.

Selon les personnes, les cultures et autres paramètres, l'importance d'autrui varie, et même s'oppose radicalement. C'est cette **divergence** fondamentale que nous observons dans le dialogue de sourds entre le mendiant et le propriétaire. Pour le premier, autrui est tout un chacun : ainsi, chaque être humain se doit d'aider un congénère qui se trouve dans le besoin. Celui qui refuserait de **partager**, en manifestant de manière aussi crasse son absence de générosité, perdrait de fait son humanité : il serait une brute, un animal, un presque rien privé de toute **dignité**. C'est ce qu'exprime le mendiant en déféquant de manière ostentatoire sur le seuil de la maison. Et lorsqu'il dit « il n'y a rien du tout, personne ne pourrait y vivre », il condamne en fait le maître des lieux, qui n'est pas digne de sa propre humanité. En quelque sorte, un tel homme n'est qu'un excrément, une **scorie de l'existence**.

Le problème d'autrui peut certes être interprété comme une **question morale**, c'est-à-dire à travers l'enjeu du bien et du mal. Mais il peut aussi être pensé comme problème d'identité. Dans la perspective soufie, qui invite le sujet fini à s'inscrire dans la dimension de l'infini, refuser le lien à autrui, ne pas s'inscrire dans l'altérité, revient à réduire son **existence** à la nullité. En limitant l'étendue de son être, tant sur le plan temporel que spatial ou identitaire, le sujet ne s'accorde pas sa propre nature humaine, qui en fait est d'**essence divine**. Le rapport à autrui est l'occasion qui nous est offerte de **grandir**, en s'extrayant d'un état égocentrique infantile, et d'acquérir ainsi notre propre humanité, de devenir réellement nous-même. Aimer son prochain comme soi-même, ou comme l'incarnation du divin.

La propriété

Deux personnages s'affrontent dans cette histoire, qui représentent deux **archétypes** : le mendiant et le propriétaire. Il est un rapport sémantique non accidentel entre « propriété » et « propreté ». Ces deux mots viennent du latin *proprius* (pour le privé, pour soi) qui indique ce qui est spécial, à part, ce qui n'est pas commun, ce qui ne se partage pas. Il s'agit donc de ce que nous possédons : « propriété » au sens de biens physiques, et de ce qui est caractéristique. De cela, nous tirons ce qui est propre au sens moral ou physique, ce qui est approprié au sens cognitif ou moral, et la référence à ce que nous possédons. Ce qui est « propre » est bien, ce qui est « impropre » est « mal ».

Ainsi le propriétaire est propre sur soi, tandis que le mendiant est plutôt repoussant. Les propriétaires se sentent menacés, à deux titres. D'une part sur le plan pratique, car ce sont eux que le mendiant va cibler, lorsqu'il veut solliciter de l'**aide** ou la **charité**. Or les propriétaires ne veulent rien **perdre**. D'autre part, ils sont dérangés moralement. Le simple fait de leur demander de l'aide qu'ils vont sans doute refuser leur pose problème, ils se sentent coupables. En effet, tous les critères de réussite sociale, que représentent les propriétaires, sont mis à mal par ceux qui représentent les **valeurs opposées** de dénuement, en apparence tout au moins. D'autant plus que les propriétaires suspectent – à raison sans doute – que certains mendiants ont fait le **choix délibéré** de ce mode de vie. Ils sont donc dégoûtants non seulement dans leur manière de présenter, sales, puants, déguenillés et misérables, mais aussi dans leurs valeurs existentielles, considérées comme immorales, antisociales, cyniques, indécentes ou honteuses. Ils ne souhaitent donc les approcher ni de près, ni de loin.

Mais le mendiant de cette histoire, comme tout mendiant peut-être, est un **maître**. Son **rôle** est ici de montrer à ce possédant comment ses possessions, en fait, le possèdent. À l'instar d'une personne possédée par un mal, il n'est plus lui-même. Déjà, on observe une agressivité injustifiée qui témoigne d'une crainte quasi pathologique, d'une horreur démesurée. Le propriétaire pourrait simplement répondre « non » aux diverses demandes, ou encore accorder quelque bribe de nourriture ou un verre d'eau qui ne lui coûterait rien. Mais il ne peut pas, ce serait trop lui demander. Cette histoire tente de nous montrer la fragilité de ce qui constitue bien souvent l'**identité humaine**.

Le scandale

Le maître des lieux est interloqué par le comportement outrancier du mendiant. « Malheur à celui par qui le scandale arrive », proclament les Évangiles. Le terme scandale vient du grec *skandalon*, qui signifie « caillou », c'est-à-dire la **pierre d'achoppement**, celle qui fait trébucher. Le scandale est donc ce qui dévie de la voie droite, ce qui détourne du bien, ce qui fait **rupture avec la morale**. Au fil du temps, le scandale est devenu aussi la réaction à ce qui n'est pas conforme à l'usage, à ce qui contredit les normes en vigueur.

Plus généralement, cela désigne une **réaction forte**, virulente et émotionnelle. Le sens moral de la personne scandalisée se trouve exacerbé, il est fortement stimulé et revivifié par les événements qu'il condamne. Paradoxalement, le « scandalisé », s'il éprouve du dégoût ou de la haine, éprouve en même temps une certaine jouissance : celle d'être du bon côté ; il savoure le plaisir intense de la bonne conscience. On rencontre là comme une **catharsis morale**, comme si en se scandalisant on se purifiait soi-même. On peut donc comprendre que le propriétaire, voyant le mendiant déféquer devant sa porte, ne demande pas mieux que de se scandaliser ; il en est presque soulagé : ce geste confirme pour lui la qualité douteuse d'un homme suffisamment indigne pour quémander sa nourriture.

Néanmoins, les Évangiles affirment aussi qu'« il est impossible qu'il n'arrive pas de scandale » et le Christ lui-même déclare scandaliser et diviser l'**opinion commune**. Ainsi, en ce monde imparfait, non seulement il est impossible de ne pas scandaliser, mais cela peut même être nécessaire. Et là, si nous regardons les choses dans la perspective du mendiant, le scandale change de côté. C'est le comportement du propriétaire qui est scandaleux, animé d'un méprisable égoïsme. Face à ce scandale, contre lequel on ne peut **raisonner** tellement il est mesquin et méchant, le mendiant offre un autre scandale, afin de montrer à son interlocuteur l'**absurdité** de son comportement. Or si le premier scandale est celui de la raison qui démissionne, qui refuse sa propre évidence, le second est l'expression de la raison qui s'insurge, elle ne saurait accepter l'indigence de ce qui lui est présenté.

Vraie morale et fausse morale

La morale est l'ensemble des **règles de conduite** destinées à accomplir le bien et à éviter le mal. Ainsi, implicitement ou explicitement, certains principes régiront nos actions que nous aurons définies à l'avance, ou se définiront à travers nos actions. Certaines décisions seront autorisées ou encouragées, d'autres prohibées. Théoriquement, les règles et principes ainsi énoncés, s'ils sont substantiels, seront tenus pour universellement et inconditionnellement applicables et valables, quand bien même il n'en sera jamais ainsi dans la réalité. Une morale n'est jamais qu'un **idéal régulateur**, au sens où Kant l'utilise, c'est-à-dire l'énoncé ou la description d'une manière d'être idéale des comportements humains, à la fois le **but**, la **raison d'être**, l'**intention** ou l'**objet** de nos actions. Quand bien même cela concerne la manière dont nous agissons au quotidien, il s'agit avant tout d'un absolu, d'un idéal souhaitable, mais inatteignable, voire parfois pas clairement définissable.

« La vraie morale se moque de la morale. » Lorsque Pascal oppose ces « deux » morales, on peut penser qu'il souhaite **critiquer** une morale constituée de règles sociales établies, basées sur des **normes minimales de bienséance**, où le quant-à-soi est bien respecté, qui produit une « bonne » conscience, ce que l'on pourrait qualifier de morale bourgeoise, ou égocentrique. Il privilégie ainsi une morale qui relève du don, de la générosité, de l'altérité, de l'abandon. Il faut reconnaître que la première est plus claire, plus fonctionnelle : c'est elle qui entre en vigueur dans les **rapports sociaux**. La seconde opère plutôt au sein de la famille, où règne en principe l'**amour**. Or cette morale est déjà difficilement applicable au sein de la famille : elle devient insensée à l'échelle de la société.

C'est du point de vue de cette morale « conventionnelle » que le propriétaire considère le mendiant comme immoral : il ne travaille pas pour gagner sa vie, il ne se respecte pas puisqu'il se rabaisse à mendier, il ne respecte pas la propriété privée, bref, c'est un **« bon à rien »**. De l'autre côté, le mendiant considère le propriétaire comme immoral, car il est trop attaché aux **biens matériels**, il n'a aucune **compassion**, il est égoïste, il n'aime pas son prochain, il est xénophobe, etc. Il ne lui donne que ce qu'il mérite : il lui rend son « bien ».

Une autre manière de distinguer ces deux morales est de définir la première comme une morale de **réciprocité**, plus calculatrice, la seconde comme une morale de **don**, ou de gratuité. Débat éternel entre le cœur et la raison. La première est plus confortable, la seconde est plus exigeante, puisqu'elle requiert une capacité de détachement et d'abandon, psychologiquement et existentiellement plus âpre ; elle implique une véritable **mise à l'épreuve de soi**. À chacun de déterminer la possibilité et la légitimité de ces deux morales.

 Sagesse des contes soufis

Quelques questions
pour approfondir et prolonger

Compréhension

- Pourquoi le propriétaire reçoit-il d'emblée mal le mendiant ?
- Pourquoi le propriétaire ne concède-t-il rien au mendiant ?
- Pourquoi le propriétaire utilise-t-il des questions en guise de réponses ?
- Qu'est-ce qui est commun aux différents arguments du propriétaire ?
- Le mendiant a-t-il changé de personnalité au cours de l'histoire ?
- D'où provient le scandale dans cette histoire ?
- Pourquoi le mendiant défèque-t-il sur le seuil de la maison ?
- Quelle est la nature du conflit moral entre les deux hommes ?
- Quelle est la logique du mendiant ?
- En quoi le mendiant et le maître de maison sont-ils semblables ?

Réflexion

- Pourquoi aimons-nous tant posséder ?
- À quoi sert le sarcasme ?
- Pourquoi les mendiants sont-ils méprisés ?
- Pourquoi la saleté nous effraie-t-elle ?
- En quoi autrui représente-t-il une menace ?
- Le scandale doit-il nécessairement provoquer un esclandre ?
- Faut-il uniquement respecter ceux qui nous respectent ?
- Doit-on nécessairement être généreux ?
- Une morale se doit-elle d'être universelle pour être une « vraie » morale ?
- La morale est-elle une nécessité ?

14/ L'homme qui se mettait en colère

Nos défauts ont-ils une raison d'être ?

Il était un homme qui se mettait souvent en colère, et de manière violente. Au bout d'un certain nombre d'années, il finit par réaliser combien cette propension lui rendait la vie difficile. Ne sachant que faire, il chercha à qui demander conseil. Il entendit parler d'un derviche de grand savoir et il se décida à aller le voir. Il prit son bagage et son fusil et se mit en chemin.

Au bout de quelques jours de voyage, il arriva chez le sage.

Après l'avoir longuement écouté, ce dernier lui dit :

— Rends-toi au carrefour désert que je vais t'indiquer. Tu y verras un vieil arbre desséché. Installe-toi sous cet arbre et offre de l'eau à toute personne qui passera par là, afin de la désaltérer.

L'homme coléreux obéit et se rendit au carrefour indiqué. Il s'installa sous l'arbre et il offrait de l'eau aux voyageurs occasionnels qui passaient par là.

Le temps passa et il acquit dans la région une certaine réputation, comme un ascète qui s'astreignait à une discipline sévère, pratiquant la charité et la maîtrise de soi, disciple d'un grand maître.

Un jour passa un homme, visiblement pressé, qui ne répondit même pas lorsque lui fut offert un verre d'eau pour se désaltérer. Lorsqu'il fut interpellé, il détourna la tête et continua à avancer comme si de rien n'était. Voyant cela, l'homme qui se mettait facilement en colère insista et répéta son offre à plusieurs reprises :

— Prends un peu de cette eau que j'offre à tous les voyageurs qui passent à ce carrefour.

Comme le passant continuait à s'éloigner le long de la route, l'ascète se fâcha nettement et se mit à crier en sa direction :

— Au moins, tu pourrais me rendre mon salut !

Mais l'autre ne se retourna même pas.

Complètement outré par un tel comportement, il ne put le supporter : oubliant son travail sur lui-même, la discipline acquise et toute maîtrise de soi, il s'empara de son fusil qui depuis le début était accroché à une branche de l'arbre desséché, visa le voyageur inconsidéré et tira. L'homme tomba raide mort.

Devant les conséquences de son geste, l'homme qui se mettait en colère fut désespéré. Lorsqu'il s'aperçut que des bourgeons, comme par miracle, poussaient instantanément sur l'arbre mort. Il apprit peu après que celui qu'il venait de tuer était en fait un assassin qui s'apprêtait à commettre un meurtre, après une longue série de graves méfaits.

La colère

Pourquoi nous mettons-nous en colère ? En général, lorsque l'ordre du monde ne correspond pas à nos **expectatives** et que nous ne supportons pas ce décalage. Cela dénote une sorte d'hypersensibilité chez le sujet atteint par un tel fonctionnement, et donc une **souffrance**. Néanmoins, c'est à cause des **actes** qu'un tel mal-être entraîne, et de leurs **conséquences**, que les personnes sujettes à ces emportements se soucient de leur mal. La tristesse est la face dépressive de la colère, celle où l'on prend conscience ; la colère est la face maniaque de la tristesse, celle où l'on est emporté.

En général, lorsque nous avons **un problème de comportement** et que nous décidons de consulter un spécialiste en ce domaine, nous nous attendons à certaines recommandations ou prescriptions qui nous permettront de régler le problème en question. C'est apparemment ce qui se passe dans cette histoire. Le sage consulté propose une solution assez radicale, mais notre héros colérique doit être suffisamment désespéré pour accepter de **se plier** à cette injonction. La douleur qui l'afflige et l'**absurdité de son existence** doivent engendrer un tel **mal-être** qu'il n'est pas possible d'envisager une autre solution que d'obtempérer.

Puisque notre homme se met en colère dans ses relations à autrui, mieux vaut l'isoler afin qu'il trouve un certain **calme de l'esprit** dans la solitude. D'autre part, il doit réduire au maximum ses activités pratiques, les cantonner à de simples gestes, car là encore, c'est à travers la multiplicité des actions en tout genre que l'on trouve moyen de s'emporter, par la confrontation entre **désir** et **frustration**. L'hyperactivité est mère de l'irritation. Ne rien ou peu entreprendre, se retrouver face à soi-même, permettrait de retrouver un certain calme.

La maîtrise de soi

L'activité proposée par le maître est simple, de surcroît elle implique une certaine **humilité** et de la **générosité**. Cette exigence morale implique un grand travail sur soi, car en général le colérique est une sorte d'**orgueilleux**, d'**égocentrique** : sa vision des choses lui paraît la plus légitime, et le monde entier doit satisfaire ses exigences. Désormais, plutôt que de prétendre être satisfait par autrui, il doit au contraire chercher à satisfaire autrui. Pour ce faire, son impatience doit se transformer en patience, en ce lieu où presque rien ne se passe.

On réalise en quoi le **changement** d'hygiène de vie proposé est radical, comment un tel exercice au fil du temps est censé traiter ou résoudre le problème qui afflige notre homme.

De prime abord, il s'agit de désensibiliser le patient, de l'habituer à ne plus rien attendre de ce qui pourrait engendrer déception, irritation et emportement, donc de le **tranquilliser**. Et l'histoire nous explique qu'il réussit plutôt bien cet exercice. À tel point qu'il devient une sorte de célébrité : un ascète réputé, un **sage**. On peut sans difficulté accepter l'idée qu'ainsi, à travers la lente acquisition d'une maîtrise de soi, cet homme est plus heureux, en ayant opté pour un **choix rare et difficile**, autant que nécessaire.

Le miroir

La narration pourrait donc s'arrêter là, avec cette leçon morale, simple et édifiante, mais ce n'est pas de cela dont il retourne : la vérité est ailleurs. Survient donc le véritable **défi** : la providence met sur le chemin du « colérique » un individu très particulier, un être qui n'a que faire de la générosité d'autrui, un personnage qui n'a que mépris pour la simplicité et l'humilité. C'est ce que l'on peut nommer un homme pressé : celui qui ne connaît que son désir et sa volonté. L'idée est plaisante de penser qu'à ce moment-là, l'homme qui se mettait souvent en colère rencontre son propre **fantôme**, ou le **démon qui l'habite**, et il le tue. En son ultime aspect, la colère trouve là son **aboutissement** et sa réalité : une forme de suicide symbolique.

Ainsi cette rencontre est insupportable pour notre héros, elle le rend pratiquement fou. Le fait que l'on refuse son offrande, sans même le remercier ou même reconnaître son existence, lui paraît être un tel **déni** de son être, de la nouvelle image qu'il s'est forgée, qu'il ne saurait l'accepter. Notre « ancien » colérique retrouve « ses racines ». On peut imaginer le désespoir chez cet homme qui, après des années de travail sur lui-même, se retrouve avec des **conséquences plus tragiques** encore que ce qu'il n'avait jamais connu ! Le voilà devenu un meurtrier, à cause de sa colère ! On ne saurait décrire situation personnelle plus absurde et cruelle. Il n'a pas changé : il est « le colérique » pour l'éternité. Le monde est un grand miroir, dans lequel on se retrouve sans cesse.

Les liens intérieurs

C'est en cette situation extrême que survient la **véritable leçon**, la précédente n'étant que jeu d'apparences. En effet, alors que nous semblons avoir touché le fond, provoqué la catastrophe et suscité la désolation, un miracle s'effectue. L'arbre revit, pour signifier qu'un geste positif a été accompli, **source de vie**. On comprend mieux en cet instant la **symbolique de l'arbre desséché**, qui représente la **désolation**, mais aussi de ce fait l'**espoir** et la **renaissance**. En s'isolant du monde, l'homme pouvait modifier les circonstances extérieures de sa colère. Mais il y a là un mensonge, qu'exposera « la rencontre ». L'artifice sera dévoilé, l'être apparaît alors et prend sens. La colère est une réalité qui a sa raison d'être.

Nous retrouvons la véritable dimension du concept soufi des « liens intérieurs » qui tissent une trame à travers tout l'**univers**. L'homme apprend que son geste de colère extrême est en fin de compte bénéfique pour l'humanité. Ce qu'il concevait comme son propre anéantissement est en fait exactement l'inverse : il représente la **réconciliation** de son être avec lui-même. Il était donc illusoire de penser avoir changé, il ne cherchait dans le fond qu'à **échapper** à lui-même. Il est nécessaire de faire l'expérience de l'**aliénation**, pour enfin devenir soi-même et se réconcilier avec sa propre nature. L'expérience des liens intérieurs nous permet de découvrir le **sens de notre existence**, en découvrant comment cette finitude s'inscrit dans la totalité ou la **complétude du monde**. Ainsi nous pouvons nous réconcilier avec ce que nous sommes, et surtout avec ce que nous ne sommes pas.

<h1 align="center">Quelques questions
pour approfondir et prolonger</h1>

Compréhension

– Pourquoi la colère de l'homme lui rendait-elle la vie difficile ?

– Pourquoi le derviche envoie-t-il l'homme dans un carrefour désert ?

– Pourquoi l'homme doit-il donner de l'eau aux passants ?

– Pourquoi l'homme obéit-il au derviche ?

– L'homme apprend-il quelque chose dans cet endroit ?

– Pourquoi l'homme se met-il tant en colère face au passant pressé ?

– Pourquoi la colère mène-t-elle au meurtre ?

– Pourquoi le meurtre ferait-il pousser des bourgeons ?

– Quelle est la leçon de cette histoire ?

– Existe-t-il une similitude entre les deux protagonistes de l'histoire ?

Réflexion

– La colère a-t-elle une raison d'être ?

– Se mettre en colère dépend-il de soi ou des autres ?

– Vaut-il mieux vivre ses défauts jusqu'au bout, ou les corriger ?

– Pourquoi nous est-il difficile de nous accepter tels que nous sommes ?

– Peut-on réellement changer ?

– Quels sont les moyens pour travailler la maîtrise de soi ?

– La maitrise de soi est-elle possible et désirable ?

– Les autres sont-ils notre propre miroir ?

– Existe-t-il une justice immanente ?

– Tout ce qui existe a-t-il un sens ?

15/ Le coffre ancien

Faut-il toujours savoir ?

Il était une fois un homme respecté par tous, car il était réfléchi et menait une vie pondérée. Néanmoins, il s'était marié sur le tard, et avait épousé une femme beaucoup plus jeune que lui.

Un soir, alors qu'il rentrait plus tard que d'habitude, son fidèle serviteur lui annonça en l'accueillant :

— Notre maîtresse, votre épouse, se conduit ce soir de façon étrange. Elle a fait venir dans ses appartements le vaste coffre qui appartenait à votre grand-mère, qui devrait contenir d'anciennes broderies, mais je suis sûr qu'on peut maintenant y trouver bien d'autres choses. Elle n'a pas voulu que je regarde à l'intérieur, même moi, votre plus ancien domestique ! Et maintenant, elle refuse que quiconque entre chez elle.

Ayant entendu cela, l'homme alla voir son épouse, suivi de son fidèle serviteur. Lorsqu'il entra, il la trouva assise, l'air inquiète, auprès du grand coffre en bois massif. Après l'avoir saluée, il demanda à sa femme de soulever le couvercle afin de lui montrer ce que le coffre contenait. La femme lui répondit :

— Est-ce à cause des soupçons des domestiques que vous me demandez cela ? N'avez-vous pas confiance en moi ?

— Ne serait-ce pas plus facile de couper court à toutes les rumeurs en ouvrant tout simplement le coffre ? répondit le mari.

Mais la femme, d'un ton décidé, rétorqua :

— Je ne crois pas que cela soit possible.

— Pourquoi donc, est-il fermé à clef ?

— Oui, c'est cela.

— Alors, où est la clef ?

La femme lui montra la clef et dit :

— Renvoyez le serviteur, et je vous donnerai la clef.

Le maître des lieux renvoya le serviteur, et la femme lui remit timidement la clef. Puis elle se retira, l'esprit visiblement troublé.

Une fois seul, l'homme s'assit près du coffre et se mit à réfléchir, tout en jouant doucement avec la clef.

Il resta là un long moment, puis à la nuit tombée, il fit venir des jardiniers de son domaine. Il leur demanda de soulever le coffre, puis

les conduisit dans un endroit éloigné de la propriété. Sur son ordre,
ils construisirent une fosse profonde et y enterrèrent le coffre. Puis
l'homme rentra chez lui.

L'incident était clos, il ne fut plus jamais évoqué par la suite.

Sagesse et faiblesse

C'est toujours par notre faiblesse que nous avons l'occasion d'être sage, sans quoi la sagesse n'aurait aucune raison d'être : elle serait trop facile et dépourvue de sens. Ainsi en est-il pour l'homme de cette histoire, qui apparemment est un sage, comme le montrent sa vie pondérée, son côté réfléchi, et le respect qui lui est accordé. Il attend néanmoins l'occasion particulière de montrer ce qu'il en est véritablement de sa sagesse, et celle-ci surviendra grâce au seul **désordre apparent** de son existence, pour ainsi dire sa faiblesse. Marié sur le tard, il a épousé une femme beaucoup plus jeune que lui. C'est par ce biais qu'apparaîtra le **drame** et que se produira le **défi**.

Que nous indique cette différence d'âge entre lui et sa femme ? On doit bien considérer qu'il y a quelque chose d'anormal dans une telle situation, suffisamment pour être mentionné spécifiquement, dès le début de l'histoire, parmi les rares détails sur la vie de cet homme. Il est vrai que lorsque nous observons un tel couple, nous nous posons toujours des questions sur son **incongruité**. Cette situation est-elle donc contre nature ? Suffisamment pour que nous pensions que la jeune femme a été contrainte à ce mariage inconvenant, ou qu'elle a été mue par des **motivations peu avouables**, tel l'appât du gain, ou encore un déséquilibre d'ordre psychologique poussant à rechercher une figure paternelle. Quant à l'homme, on pourra imaginer **diverses critiques** : refus de son propre âge et de sa propre identité, crainte de la décrépitude de son propre corps, peur de la vieillesse et de la mort, désir de toute-puissance et de contrôle, quête excessive de reconnaissance et d'admiration, incapacité d'aimer, envie de luxure et de vice, etc.

On peut aussi interpréter ce décalage d'âge de manière moins littérale et psychologique. On pourrait y lire par exemple le décalage entre la sagesse d'un homme et la **réalité banale du monde**, une réalité que l'on doit « épouser », *nolens volens*. Un homme sage se trouvera toujours en quelque sorte symboliquement plus âgé, plus mature ou plus expérimenté que ceux qui l'entourent.

Dilemme et solitude

Le maître rentre « plus tard que d'habitude » et le serviteur fidèle annonce la mauvaise nouvelle : quelque chose d'éminemment suspect se passe chez la jeune femme. Cette dernière, mise en demeure, est défiante. Pourquoi écouter les domestiques ? Pourquoi ne pas me faire confiance ? Autrement dit : pourquoi me choisir pour partager ta vie si c'est pour **se méfier** de moi ? Elle insiste sur le face à face, sur l'**intimité** de leur relation, en exigeant de faire sortir le serviteur comme condition d'accès au **secret** : l'homme doit clarifier ses priorités, ses choix, qui pour l'instant sont ambigus. Une fois la clef donnée, elle se retirera même, afin de laisser son mari face à lui-même, face à sa propre **conscience**. Certes, elle est embarrassée, mais nous ne saurons pas pourquoi : il suffit de savoir que l'exigence du mari lui pose problème, quelle qu'en soit la raison : crainte, déception, honte, vexation, etc. Ces différentes sorties théâtrales de personnages accentuent la **dimension dramatique** de l'instant.

Nous pouvons imaginer le drame que vit cet homme seul. Vaut-il mieux savoir ou ne pas savoir ? Que peut-il apprendre en ouvrant le coffre ? Nombreux sont les **scénarios** qui doivent se bousculer dans l'esprit de cet homme inquiet. Un tel dilemme moral ou existentiel constitue une véritable **remise en cause** de l'existence. Sa « sagesse », si jamais il fut sage, est mise à rude épreuve. Une grande solitude l'envahit. Un tel drame peut représenter le préambule de ce que les soufis nomment « mort avant la mort », ou « petite mort ».

Curiosité et savoir

Il reste ainsi longtemps à méditer ! Jouant compulsivement avec le **pouvoir symbolique** que représente la petite clef. Le pouvoir de savoir, dont il faudrait peut-être **se passer**. Puis la nuit arrivant, propice aux décisions, l'homme détermine son **choix** : celui de ne pas savoir. Il décide d'enterrer l'objet du drame le plus loin et le plus profondément possible, dans la nuit noire, et, par là même, cet événement au plus profond de son **âme**.

Le thème de la curiosité est important dans la tradition, comme nous le voyons dans les contes et les mythes. Bien souvent, cette **qualité ambiguë**, à la fois défaut et qualité, est liée à la jalousie.

Pourtant la curiosité est ce qui nous porte à connaître, à découvrir, elle est donc **source de vérité**. Pour résoudre le problème, Thomas d'Aquin tenta d'opposer la curiosité à la **studiosité**, la seconde impliquant un certain travail, un processus, et non le désir d'un vain savoir, qui consiste souvent à découvrir les secrets des autres. La curiosité est un défaut si nous ne lui adjoignons pas l'**examen critique** et l'**analyse méthodique**. Le savoir n'a pas une valeur en soi : on peut accumuler des connaissances encyclopédiques sans aucune véritable valeur, comme on le rencontre parfois dans le monde académique ou chez l'autodidacte. La **connaissance** peut être vaine ou malsaine, forme d'orgueil intellectuel, de quête de pouvoir ou d'accumulation primitive.

On peut imaginer le débat qui s'effectue dans l'esprit de notre homme « réfléchi ». Il décide non seulement qu'il ne faut pas chercher à savoir, mais de surcroît, il faut se débarrasser à tout jamais d'un objet qui pourrait engendrer chez lui une telle « convoitise ». Évidemment, le lecteur moderne bondira face à la possibilité du meurtre à peine voilé qui nous est présenté. Mais l'on peut aussi comprendre la dimension symbolique de l'affaire, par une critique du désir de savoir, comme voyeurisme qui nous incite à observer la **petitesse d'esprit** et la **médiocrité** en autrui et à y prendre plaisir, nourrissant ainsi la bassesse d'âme en nous-même.

Rien ne vaut la paix de l'âme, et comme le soutient Nietzsche, la faculté d'oubli est une vertu éminemment philosophique, condition nécessaire au bonheur. Ainsi la curiosité est une des **tares** dont il s'agit de se débarrasser, en particulier lorsqu'elle nous tient très à cœur comme dans le cas présent. C'est un véritable travail sur soi que notre homme doit et devra accomplir le reste de sa vie : accepter l'ignorance d'un fait qui le touche d'aussi près. Voir le vice, chercher à voir le vice est déjà une manière de s'en imprégner. L'ignorance ou la naïveté peuvent ainsi nous **protéger** de nous-même.

En guise de conclusion, rappelons-nous les trois singes dont tous connaissent les fameuses statuettes, qui se bouchent les yeux, les oreilles et la bouche. Représentent-ils une critique de ceux qui refusent d'accepter la vérité ou un encouragement à une sagesse qui consiste à être imperméable au **mal environnant** ?

Quelques questions
pour approfondir et prolonger

Compréhension

– Le mari est-il responsable du problème qui lui arrive ?
– Le mari est-il vraiment un sage ?
– Quel dilemme la femme pose-t-elle à son mari ?
– Pourquoi la femme renvoie-t-elle le domestique ?
– Pourquoi la femme quitte-t-elle finalement la pièce ?
– Le mari fait-il confiance à sa femme ?
– La femme fait-elle confiance à son mari ?
– Que symbolise cette jeune femme ?
– Que révèle le choix final du mari ?
– Le mari a-t-il appris quelque chose à travers cet incident ?

Réflexion

– Le mari a-t-il pris la bonne décision ?
– Est-il souhaitable de savoir oublier ?
– En quoi consiste la sagesse ?
– La confiance a-t-elle un coût ?
– Pourquoi est-ce difficile de choisir ?
– Sommes-nous toujours seul lorsqu'il s'agit de choisir ?
– Face à un dilemme, faut-il toujours choisir ?
– La curiosité est-elle une qualité ou un défaut ?
– En quoi consistent de vaines connaissances ?
– Pourquoi l'incertitude nous est-elle pénible ?

 Sagesse des contes soufis

16/ L'homme qui marchait sur l'eau

À quoi sert la connaissance ?

Il était un derviche, très érudit, formé dans une école exigeante et austère, qui se promenait le long de la rivière, en méditant sur la réalité des choses. Ce jour-là, il était absorbé par de grands problèmes théologiques et moraux, des sciences qui constituaient l'essentiel de l'enseignement soufi prodigué par son école. À travers tout cela, il s'agissait de finalement découvrir la plus ultime vérité.

Tandis qu'il marchait, totalement absorbé dans ses profondes réflexions, retentit un grand cri qui interrompit le fil de ses pensées. Il reconnut tout de suite qu'il s'agissait d'une incantation traditionnelle derviche, qui provenait d'une île au milieu de la rivière. Mais en tant que spécialiste, il s'aperçut aussi que cet homme commettait une grave erreur. Il en fut choqué.

— Ces paroles sont sans valeur, se dit-il. Comment cet homme peut-il massacrer ainsi les syllabes sacrées ! Ce n'est pas « Ya Hou » qu'il faut psalmodier, mais « Ou Ya Hou » !

Il considéra alors qu'il était de son devoir le plus impératif — ou même sacré — de corriger ce malheureux qui était ainsi en peine. Sans doute n'avait-il pas eu comme lui la chance d'être correctement éduqué. Jamais ce pauvre homme ne pourrait entrer en résonance avec la vérité.

Voyant tout près une barque amarrée, il l'emprunta et rama en direction de l'île. Là, il découvrit un homme, habillé d'une robe derviche, assis à même le sol auprès d'une misérable hutte de roseaux. Tout en psalmodiant les formules initiatiques, il se balançait au rythme de son incantation.

— Mon bon ami, lui dit-il, ce n'est pas ainsi qu'il faut prononcer ! Ne m'en veux pas, je me sens forcé de te le dire, car la connaissance nous donne des obligations. De plus, il est méritoire de donner des conseils bénéfiques à son prochain, tout comme cela l'est de recevoir de tels conseils.

Il lui expliqua ensuite comment il fallait faire pour bien prononcer, et l'homme le remercia humblement pour son aide généreuse. Puis le derviche savant remonta dans sa barque, heureux d'avoir ainsi commis une bonne action. Il se rappela la phrase de son maître qui affirmait que « l'homme qui parvient à répéter correctement les paroles sacrées possède même le pouvoir de marcher sur les eaux ». Il n'en avait lui-même jamais été capable, ni n'avait jamais vu personne détenir pareil pouvoir, mais il ne désespérait pas un jour d'y arriver. N'entendant plus de bruit en provenance de l'île, il se dit que l'homme réfléchissait et que la leçon avait porté. Puis il entendit un « Ou Ya », quelque peu timide : l'homme se remettait à psalmodier, hésitant, mais toujours à sa manière. Le savant derviche fut quelque peu irrité de l'entendre. Il se reprit en méditant sur la perversité habituelle des hommes, sur leur entêtement à demeurer dans l'erreur.

Tout en ramant tranquillement, il était plongé dans ses profondes réflexions, lorsque ses yeux découvrirent le plus étrange spectacle au monde : le derviche de la hutte avait quitté son île et s'avançait vers lui, en marchant à la surface de l'eau. Stupéfait, il s'arrêta net de ramer. L'homme parvint jusqu'à lui et l'aborda avec cette question :
— Frère, pardonne-moi de t'importuner, mais je suis venu pour solliciter ton aide. Peux-tu m'indiquer à nouveau la méthode classique que tu m'as enseignée ? Car j'ai vraiment du mal à m'en souvenir.

Il existe une puissante tendance chez l'être humain, qui se nomme dogmatisme. Elle peut se définir comme la tendance à énoncer certains **principes** et à les établir comme des **vérités** incontestables, sans aucune considération pour l'évidence, le sens critique ou l'opinion d'autrui. En général, nous aimons croire que ce que nous disons est vrai, et souvent nous préférons nos propres **opinions**, à ce qui provient d'ailleurs. De surcroît, lorsqu'une personne a beaucoup et longuement investi dans les développements de certaines idées, c'est encore plus le cas : une sorte de coquille « idéologique » s'est lentement cristallisée, qui empêche tout « corps » étranger de pénétrer, voire qui rejette tout ce qui vient à l'encontre de cette construction.

Bien que le concept de dogme ait une connotation négative, pour sa **rigidité** et son manque d'ouverture, il a sa **raison d'être**. Historiquement, il s'agit d'une opinion ou d'une **croyance** considérée incontestable, juste, vraie, utile, par un pouvoir politique ou religieux, qui l'impose comme vérité établie. Quand bien même on discutera la **légitimité** de telle ou telle doctrine et les moyens utilisés pour l'imposer, à toutes fins utiles on doit accepter l'idée que tout groupement social, politique, communautaire ou même familial, nécessite certains dogmes. Il s'agit de certaines **valeurs** ou de principes transcendantaux qui fondent l'unité de ce groupe, lui permettant ainsi de fonctionner. Bien entendu, une telle identité dynamique engendre nécessairement un phénomène de xénophobie, car celui qui n'adhère pas devient immédiatement un « autre » : un **étranger**, ou un ennemi.

« Je sais que je ne sais rien. » C'est la fameuse phrase de Socrate, qui sert de fer de lance contre les « savants ». Ceux-là sont les **sophistes**, ceux qui « savent tout ». On payait donc très cher pour recevoir leur **enseignement**. On peut dès lors comprendre pourquoi Socrate fut condamné à mort, lui qui se permettait de questionner ces **érudits**, les plongeant dans l'embarras. Il les empêchait de déployer leur savoir encyclopédique, leur sagesse, ou faut-il dire, leur doctrine.

Ainsi, comme pour le derviche « savant » de cette histoire, lorsque quelqu'un a longuement étudié, il détient une autorité. Certes, on peut dire qu'il mérite cette autorité, pour avoir si laborieusement travaillé. Mais on peut aussi le suspecter de **prétention** : celle d'avoir toujours raison. On opposera dès lors, comme nous le voyons dans cette histoire, l'**orgueil** de celui qui « sait », ou prétend savoir, à l'**humilité** de celui qui sait vraiment parce qu'il connaît sa propre ignorance.

C'est en cette **opposition** que s'articule la critique socratique : pour le « savant », il s'agit de détenir la raison plutôt que de raisonner, de savoir plutôt que de réfléchir, d'affirmer avec certitude plutôt que de chercher. Et lorsqu'il se permet de raisonner, c'est en prenant pour postulat ce qu'il « sait », ce qu'il « est ». Il ne peut pas mettre radicalement en question la légitimité de son savoir et les présupposés qui le fondent, il ne peut pas mettre en abyme son être : il n'est pas objet de **réflexion** et de **problématisation** pour lui-même. Il est victime de « l'esprit de sérieux », selon Sartre : il prend ses **choix subjectifs** pour une **objectivité** incontestable. Il sait, il a le dernier mot : lorsqu'il a parlé, il n'y a plus rien à dire.

Théorie et pratique

Un des enjeux essentiels dans l'histoire de la pensée est l'opposition entre théorie et pratique, entre idéalisme et pragmatisme, entre idée *a priori* et *a posteriori*. Avons-nous des **idées innées** ou bien pensons-nous à partir de nos **observations du monde** ? C'est là une des querelles les plus importantes de **l'histoire de la pensée** : d'un côté les rationalistes ou idéalistes comme Descartes, Spinoza ou Hegel, de l'autre les empiristes, utilitaristes ou pragmatistes, comme Locke, Hume ou Popper. Les premiers s'intéressent à la théorie, les seconds sont plus soucieux de la pratique.

Dans la présente histoire, le parti pris est celui de **critiquer** l'idéalisme théorique, décrit comme dogmatique. C'est là une revendication importante de la **pensée soufie**. Quand bien même cette doctrine s'appuie sur un certain nombre de grands principes, religieux, moraux et épistémologiques, cette sagesse tend à privilégier une pratique : une manière d'agir et d'être, soucieuse des circonstances et des spécificités. En ce sens, tous les schémas rituels sont considérés avec une certaine distance, voire un certain **scepticisme**, à cause de l'illusion et de la rigidité qu'ils entraînent. L'action, au contraire, est inscrite dans la réalité du monde, elle interdit toute posture figée. Le derviche savant, « fin » théoricien, initié aux arcanes de la forme, « sait » ce qu'il faut faire en théorie, mais il ignore ce qu'il faut faire sur le plan pratique. L'**accomplissement** n'est en fait pour lui qu'un rêve quasi impossible. Le derviche « ignorant », au contraire, peu – ou pas du tout – embarrassé par le poids du savoir, sait que faire. Il va directement au but. Ironiquement, les « moyens » – la répétition des « bonnes » syllabes – lui posent problème : il ne les maîtrise pas bien. Sous cette difficulté, sans doute accorde-t-il en vérité peu d'importance à la forme, par sagesse ou par incompétence. Intuitivement, il préfère l'**esprit** à la **lettre**. Paradoxalement, son inconscience est ce qui garantit sa conscience, son ignorance est ce qui permet sa science, son impuissance théorique est ce qui fonde sa pratique.

Conscience et inconscience

Chacun des deux derviches connaît une chose et ignore une autre. Le premier derviche met de l'avant ce qu'il sait, dont il tire certitude et fierté, le second, plus humble, se soucie plutôt de ce qu'il ne sait pas. Si l'on accepte le principe que ce que nous ignorons est infiniment plus grand que ce que nous savons, le second derviche est plus sage que le premier, donc plus conscient de la **réalité** de lui-même et de celle du monde. Certes, il doit savoir qu'il marche sur l'eau, mais cela lui paraît naturel : il ne perçoit là ni un événement extraordinaire dont il pourrait s'extasier, ni une occasion d'en tirer un quelconque orgueil. Parce qu'il est conscient de sa propre insuffisance, il est beaucoup plus intéressé par ce que souhaite lui apprendre le « maître ». L'un désire **apprendre**, l'autre prétend **enseigner**. Le derviche « ignorant » est plus conscient que le derviche « savant » de la **dimension infinie** de ce qui lui reste à accomplir : **atteindre l'ineffable** à travers la parole et les gestes. Tandis que le « savant » se trouve plongé dans la finitude : à la fois, celle de son savoir « acquis et certain » et celle du résultat qui semble le fasciner, marcher sur l'eau. C'est pour cette raison qu'il accorde une telle importance à ce geste, alors que cela représente si peu de choses en comparaison à l'ultime réalité : l'infini de Dieu.

Compréhension

– Pourquoi le derviche savant est-il choqué par les incantations entendues ?
– Quelle est l'importance des « paroles sacrées » ?
– Le derviche savant est-il animé par un sens moral ?
– Que recherche le derviche savant ?
– Le second derviche est-il naïf ?
– Pourquoi le second derviche a-t-il du mal à prononcer les « paroles sacrées » ?
– Pourquoi le second derviche demande-t-il de l'aide au derviche savant ?
– Pourquoi le derviche savant ne peut-il pas marcher sur l'eau ?
– Lequel des deux derviches est-il le plus conscient ?
– Qu'est-ce qui distingue fondamentalement les deux derviches ?

Réflexion

– Pourquoi cherchons-nous à connaître les choses ?
– Le savoir est-il un pouvoir ou un piège ?
– La naïveté est-elle une qualité ?
– Pourquoi l'ignorance nous pose-t-elle problème ?
– Nous entêtons-nous souvent à demeurer dans l'erreur ?
– Pourquoi sommes-nous fascinés par l'extraordinaire ?
– Pourquoi le désaccord nous trouble-t-il ?
– La conscience peut-elle poser problème ?
– Est-il possible de connaître la Vérité ?
– La sagesse est-elle proportionnelle au savoir ?

17/ La boutique des lampes

L'absurdité a-t-elle un sens ?

Par une nuit sans lune, dans une rue froide et déserte, deux hommes se croisent.

L'un interpelle l'autre.

– Dites-moi, connaissez-vous le quartier ? Je cherche une échoppe qui se nomme la Boutique des lampes. Elle est censée se trouver près d'ici, mais je ne la trouve nulle part.

– Je connais bien le quartier, répond son interlocuteur, j'habite à trois rues d'ici. Et je peux en effet vous guider jusqu'à cet endroit.

– Je devrais pourtant réussir à trouver cet endroit tout seul. On m'a bien expliqué comment y aller, on m'a même noté les indications par écrit sur ce papier.

– Alors je ne vois pas très bien pourquoi vous m'avez abordé si vous préférez vous débrouiller tout seul.

– En fait, c'est histoire de parler. La nuit est sombre.

– Ah bon ! Vous ne cherchez pas du tout cette boutique, mais plutôt de la compagnie.

– Je crois que vous avez raison, c'est sans doute cela.

– Pourtant, si vous souhaitez trouver cette boutique, il serait plus commode de vous laisser guider par une personne qui connaît le quartier, puisque vous y êtes presque arrivé. Surtout que cette dernière partie est un peu compliquée.

– Je fais tout à fait confiance aux gens qui m'ont indiqué le chemin, ils savent de quoi ils parlent. D'ailleurs, leurs explications m'ont permis d'arriver jusqu'ici et je suis presque arrivé, comme vous dites. C'est bien la preuve, non ? Et je ne suis pas aussi sûr de pouvoir me fier à d'autres personnes.

– Ce qui est tout de même bizarre est que vous ayez pu faire confiance à ces personnes qui vous ont informé, tandis que personne ne vous a donné le moyen de reconnaître celles à qui vous pouvez faire confiance.

– Vous avez peut-être raison.

– En fin de compte, quel est votre but ?

– Juste ce que j'ai dit : trouver cette Boutique des lampes.

– Est-ce que je peux vous demander pourquoi vous tenez tant à trouver cette boutique ?

– Parce que je sais de source sûre qu'en cet endroit on peut trouver des appareils qui permettent de lire dans le noir.

– En effet. Mais il y a quelque chose que vous avez sans doute oublié.

– Ah bon ! Mais quoi donc ? Je ne vois pas du tout. Qu'ai-je donc oublié ?

– Pour pouvoir lire avec une lampe, il faut déjà savoir lire, non ?

– Ça, vous ne pouvez certainement pas le prouver !

– En effet, ce serait difficile par une nuit aussi noire que celle-ci. Et puis il vous manque une information importante.

– Quelle information ?

– La Boutique des lampes est bien là où elle a toujours été, mais toutes les lampes ont été transportées ailleurs, dans une autre boutique.

– Écoutez, je ne sais pas du tout ce qu'est une lampe, certes ! Mais il est évident que c'est dans les boutiques de lampes que l'on trouve des lampes. C'est bien pour cela qu'on les appelle ainsi, non ?

– En effet ! Sauf que « Boutique des lampes » a deux sens possibles. Cela peut signifier « l'endroit où l'on vend des lampes », mais aussi « l'endroit où l'on vendait des lampes dans le passé, mais maintenant il n'y en a plus ».

– Ça non plus, je suis sûr que vous ne pouvez pas le prouver !

– Vous rendez-vous compte que si quelqu'un vous écoutait, il pourrait vous prendre pour un imbécile ?

– Moi, je crois que c'est vous que l'on traiterait d'imbécile ! Mais je veux bien croire que vous n'en êtes pas un. Car je suspecte qu'en fait vous avez un plan bien établi. Vous voulez sans doute m'envoyer dans une boutique de lampes tenue par un de vos amis, non ? Ou alors, pour une raison que j'ignore, vous ne voulez pas que j'achète une lampe.

– C'est encore pire que ce que vous imaginez ! Plutôt que vous laisser chercher votre « Boutique des lampes », en vous laissant croire que cela réglera votre problème, je veux savoir si vous savez lire ou non.

Je vous demande aussi si vous n'avez jamais vu une telle boutique, si vous savez à quoi elle ressemble. De la même manière, je voudrais aussi que vous vous demandiez s'il n'existe pas d'autres endroits pour trouver une telle lampe, ou d'autres moyens de lire dans le noir.

Les deux hommes se regardèrent, tristement. Puis chacun continua son chemin.

La solitude

L'obscurité et le froid règnent bien souvent dans les rapports entre les humains, dans leurs **échanges** et leurs **discussions**. L'atmosphère est glauque en ce lieu où se déroule l'histoire, l'ambiance initiale peu amène prélude bien de l'échange qui va suivre. Justement, un homme en aborde un autre parce qu'il cherche un lieu où l'on est censé vendre des lampes : il s'agit bien de lutter contre l'**obscurité**. D'ailleurs, il ne trouve pas ce qu'il cherche. Ne ressemble-t-il pas à beaucoup, sinon à chacun d'entre nous ? Nous errons en cherchant, sans savoir nécessairement l'**objet** ni la cause de notre **recherche**. Mais nous découvrons parfois que nous fuyons surtout la solitude. Alors nous nous adressons à celui qui est là, peu importe qui il est, uniquement pour ne pas être seul dans le noir. L'important est d'établir une **relation**. Mais celle-ci n'est jamais entièrement gratuite. Plus ou moins rapidement émergent des enjeux spécifiques, en général liés à l'identité, au pouvoir, à l'image de soi, à la concurrence, etc.

Dans le cas présent, il s'agit d'un savoir et d'une capacité d'autonomie, c'est-à-dire d'un **pouvoir** et donc d'une **identité**. Accepter l'aide d'autrui, c'est devenir dépendant, c'est perdre la face. Aussi celui que nous nommons l'étranger, après avoir sollicité une assistance, refuse l'aide qui lui est proposée, alors qu'il n'avait rien à perdre, et de surcroît cela lui aurait permis d'engager plus avant la relation initiée. On peut imaginer qu'il aurait pu accepter cette proposition par un simple souci de **sociabilité**. Mais visiblement, il ne pouvait accepter de concéder un tel pouvoir sur lui-même à autrui, son identité s'en serait sentie trop menacée. C'est ainsi que nous engendrons et perpétuons la solitude : **froideur** et obscurité habitent notre cœur.

Confiance et méfiance

L'habitant – l'habitué des lieux – s'empresse de faire remarquer à l'étranger sa **contradiction**, puisque ce dernier l'avait abordé en lui demandant s'il connaissait le quartier et la Boutique des lampes, c'est-à-dire en lui demandant des informations et de l'aide. On s'aperçoit ici que l'étranger veut bien demander assistance, mais sans qu'elle soit rendue explicite. Il préfère ignorer la **réalité de son geste**, et surtout il refuse d'admettre sa propre faiblesse. C'est d'ailleurs sans grande conviction qu'il se replie sur l'explication de la quête de compagnie, presque une **concession** à son interlocuteur.

À travers les questions et remarques de son interlocuteur, nous découvrons maintenant qu'il fait confiance ou non de manière totalement arbitraire, sans savoir vraiment quels en sont les **critères**. Ce problème est d'autant plus intéressant que la question de la confiance se pose exactement de la même manière envers **autrui** qu'envers soi-même. Schopenhauer décrivit bien cette tendance contradictoire à autrui : « Lorsque vient l'hiver, un groupe de hérissons est confronté à un choix cornélien entre subir un froid mortel ou se rapprocher les uns des autres au risque de se blesser mutuellement. » Nous recherchons autrui et nous le fuyons à la fois.

L'absurdité

Dans l'étape suivante, il s'agit de déterminer le but de la **quête** : apparemment, trouver cette fameuse « Boutique des lampes ». Mais lorsqu'on met en doute cette finalité, comme souvent, on en découvre une autre : il s'agirait de pouvoir lire dans le noir. Or pour que cette finalité ait un sens, encore faut-il savoir lire. Mais cette inférence n'enthousiasme guère l'étranger, qui la refuse avec un argument purement rhétorique et gratuit : « Vous ne pouvez pas le prouver. » La réalité à nouveau le gêne, et tous les moyens sont bons pour réfuter ce qui pourtant relève du **sens commun**. Le commentaire de l'habitant est intéressant, qui acquiesce au fait que « par une nuit aussi noire » la preuve en serait difficile. Il se réfère tout autant au contexte narratif qu'à l'obscurité qui règne dans l'esprit de son interlocuteur.

Plus avant, c'est sur le nom lui-même que porte le travail de problématisation. Une boutique de lampes n'a pas nécessairement de lampes, contrairement aux **apparences**. En effet, même si le nom est invariant, la réalité des choses est mouvante. Mais cela ne touche guère notre héros qui, se voulant très logique, affirme que ce qui se nomme d'une certaine manière doit bien correspondre à la réalité de son nom. À nouveau, il utilise l'**argument rhétorique** du « vous ne pouvez pas le prouver », et nous savons qu'il a raison, car la nuit est bien noire...

L'habitant s'étonne alors, d'une manière sincère ou bien **pédagogique**. Est-ce par irritation ou désespoir, ou bien par artifice de saisissement, qu'il invite son interlocuteur à examiner l'**inanité de ses propos** ? Pour ce faire, il lui propose de se penser lui-même à partir d'une perspective extérieure : la position d'un observateur, donc *a priori* objective et neutre. Il l'invite à prendre conscience de sa propre absurdité, à laquelle l'étranger répond par l'argument infantile et classique du « un prêté pour un rendu ». « Moi, je crois que c'est vous que l'on traiterait d'imbécile ! » Et il ne souhaite pas en rester là, car se sentant menacé par les arguments de raison qui lui sont proposés, il passe à l'**offensive**, la meilleure défense étant l'attaque. Il accuse donc « l'habitant » de nourrir contre lui de sombres desseins. Il veut profiter de son argent, ou bien, pour une raison obscure et menaçante dont on ignore la nature, il veut l'empêcher d'acheter une lampe.

En guise de conclusion, à travers ses diverses questions, « l'habitant » lui révèle le secret, la réalité du moment, pire encore que ce qu'imaginait l'étranger : il s'agit de faire réfléchir « l'étranger », de lui faire penser l'impensable, de questionner l'évidence, d'évaluer les tenants et les aboutissants des certitudes qui l'animent, de lui faire prendre conscience de la prégnance de son inconscience. Ce dernier doit-il ranger cela dans la catégorie des **mauvaises intentions** ? C'est souvent ce qui se passe lorsque nous invitons autrui à se mettre en question. La colère est une réaction courante lorsqu'on interroge le **bien-fondé** de nos idées, de nos volontés et de nos actions.

Bien souvent, lorsque nous posons une question pratique, lorsque nous désirons résoudre un « simple » problème, comme le héros de notre histoire, nous ne nous rendons pas compte que nous ne saurions faire l'économie d'une remise en chantier de la totalité de notre être : il s'agit d'examiner nos propres **présupposés**, de faire face à nos propres contradictions. Nous voulons une réponse immédiate, au lieu de nous intéresser à notre propre existence. Pas étonnant que finisse aussi tristement ce dialogue impossible et que chacun reparte de son côté, comme si de rien n'était. Tout en sachant néanmoins qu'après ce genre d'**échange en cul-de-sac**, en dépit de notre mauvaise volonté, nous avons tout de même pris conscience que plus rien ne sera comme avant.

   Sagesse des contes soufis

Compréhension

– Que symbolise l'atmosphère glauque de cette histoire ?
– L'étranger est-il confiant ou méfiant ?
– Pourquoi l'étranger se contredit-il ?
– Que représente la « Boutique de lampes » ?
– L'étranger cherche-t-il vraiment la boutique de lampes ?
– Que signifie l'idée de « lire dans le noir » ?
– Que recherche en fin de compte l'étranger ?
– Pourquoi les deux hommes se disputent-ils ?
– Que signifie la phrase finale de cette histoire ?
– Cette histoire a-t-elle du sens ?

Réflexion

– Que recherchons-nous à travers le dialogue ?
– Faut-il se comprendre pour pouvoir dialoguer ?
– Pourquoi en général nous disputons-nous ?
– En quoi la rationalité nous pose-t-elle problème ?
– Savons-nous toujours ce que nous voulons ?
– Quelle est la cause première de la solitude ?
– Pourquoi éprouve-t-on le besoin d'insulter autrui ?
– Pourquoi esquivons-nous souvent les questions d'autrui ?
– Sommes-nous tous des incompris ?
– L'absurdité peut-elle avoir un sens ?

18/ Le roi qui voulait être généreux

Attendons-nous toujours quelque chose ?

Un roi très puissant, qui un jour s'ennuyait, convoqua un derviche et lui demanda de lui conter une histoire.

— Majesté, répondit le derviche, je vous raconterais bien l'histoire du roi qui fut le plus généreux de tous les temps, car si vous lui ressembliez, vous seriez certainement le plus grand des rois vivants.

On sentit une vive tension monter chez ceux qui écoutaient cet échange, car personne ne parlait ainsi au roi. Il était coutumier de lui laisser entendre qu'il était déjà le plus grand roi vivant, car bien entendu, il possédait les plus grandes qualités à un degré jamais égalé.

— Raconte-moi cette histoire, répliqua le roi, visiblement agacé, mais prends garde à toi, car si ton histoire n'est pas à la hauteur de tes paroles, tu auras la tête tranchée pour avoir calomnié ton roi.

Le derviche, qui ne se démontait point, raconta alors la longue histoire d'un roi qui sacrifia son royaume et même sa propre personne pour que nul ne puisse jamais souffrir à cause de lui. Après avoir entendu cette histoire qui l'avait captivé, le roi en oublia ses menaces et déclara :

— Voici un excellent conte, derviche, dont nous saurons bien tirer profit. Toi, tu ne peux pas en profiter, puisque tu ne possèdes rien et n'as rien à donner. Tu as renoncé à tout et n'attends plus rien de cette vie. Mais moi, je suis un roi, riche et puissant, et tu verras que je peux me montrer le plus généreux de tous, plus que tu ne pourrais jamais imaginer. Suis-moi et regarde bien ce que je vais faire.

Le roi s'en fut en haut d'une colline qui surplombait la ville, il y convoqua ses meilleurs architectes, et leur ordonna de construire un immense bâtiment composé d'une grande pièce centrale entouré d'un mur de quarante fenêtres. Puis il ordonna que l'on déplace une partie importante de son trésor à l'intérieur de ce bâtiment. Tous les moyens de transport furent mis en œuvre pour rapporter des monceaux de pièces d'or, ce qui prit beaucoup de temps. Une fois que tout fut prêt, le roi fit annoncer dans tout le royaume que chaque jour, il apparaîtrait à chaque fenêtre afin de distribuer ses richesses aux indigents du royaume.

Rapidement, la nouvelle se répandit, et chaque jour les nécessiteux se pressaient autour des nombreuses fenêtres, afin de recevoir quelque pièce d'or des mains du souverain. Au bout de plusieurs jours, le roi remarqua le manège d'un homme, visiblement un derviche, qui quotidiennement venait, prenait une pièce d'or, puis s'en allait, sans même remercier le roi, contrairement aux autres mendiants. Le roi fut surpris de voir un tel homme venir ainsi pour recevoir des pièces d'or. Au début, il lui trouva de bonnes raisons, il se disait que c'était sans doute pour distribuer ces pièces à quelques pauvres, que c'était une forme de charité. Mais la suspicion faisait lentement son œuvre, et au bout d'une quarantaine de jours, sa patience à bout, le roi s'irrita ouvertement de ce manège et il interpella le derviche :

— Espèce d'ingrat ! Ne sais-tu pas dire merci pour ce que je fais ? Ne peux-tu t'incliner comme les autres ? Tu viens jour après jour recevoir une pièce d'or, ne pourrais-tu au moins sourire en signe de reconnaissance ? Combien de temps cela va-t-il durer ? Est-ce que par hasard tu profites de ma générosité pour devenir riche, ou pour pratiquer l'usure ? Ton comportement n'est pas digne d'un derviche ! Tu portes cet accoutrement rapiécé pour mieux nous tromper !

Dès que ces paroles furent prononcées, le derviche sortit les quarante pièces d'or de sa besace et les jeta aux pieds du roi.

— Reprends ton or, roi généreux ! Et sache que la générosité n'a de sens qu'à trois conditions. Donner sans éprouver le sentiment d'être généreux. Donner sans rien attendre. Donner sans jamais douter de quiconque. Sauras-tu jamais être généreux ?

On peut se demander pourquoi un roi puissant, comme celui de cette histoire, serait en quête de gloire. Que pourrait encore **vouloir** un homme qui apparemment possède tout ? On apprend qu'il s'ennuie. Or cela arrive lorsque plus rien ne vient nous **passionner**. C'est justement parce que plus rien ne manque qu'il manque quelque chose. En l'occasion, il lui manque la gloire, dont apparemment on n'a jamais assez.

La gloire, ce n'est pas uniquement la reconnaissance ou la simple célébrité. Ces deux attributs s'appliquent exclusivement aux hommes, la gloire s'attribue aussi aux **dieux**. La gloire de Dieu, ce n'est pas simplement ce qui est engendré par la prière, la piété et la révérence des humains ; c'est cette **qualité intrinsèque** du dieu qui le place au-dessus des mortels. On comprend dès lors l'outrage que représente le fait « anodin » de comparer le présent roi à un autre qui serait, lui, décrit comme « incomparable », quand bien même il s'agirait d'une **légende**. La simple évocation d'une telle possibilité est un crime de lèse-majesté : le grand roi serait en effet lésé de sa **grandeur**.

La gloire dépasse tout, tant les frontières de l'espace que celles du temps. Elle est une **quête** d'**immensité** et d'**éternité**, de dépassement, d'incomparable et d'inconditionné. Elle transcende chaque détail, elle est une aura, une auréole qui nimbe le visage du merveilleux personnage, qui en ce sens n'est plus un simple mortel. Celui qui en est paré devient un intouchable.

Voilà ce dont souffre notre roi, qui brûle pour cette qualité impossible, rare désir dont il ne peut ordonner à volonté la satisfaction. Une **soif d'infini** qu'il prétendrait assouvir, un absolu qu'il voudrait asservir en l'attachant à sa propre personne. Comme si la gloire pouvait se conquérir !

La bonne conscience

D'après Rousseau, l'humain est animé d'un **sentiment moral** qui le pousse à faire le bien. Ceci implique que si nous ne le faisons pas, nous ressentons un certain malaise. Nous aspirons à être reconnu par autrui comme « moral » ou « bon » : il s'agit là de notre réputation. Les codes moraux sont souvent collectifs. D'où l'origine du principe de « bonne conscience » : la **satisfaction personnelle** de convenir à des **codes sociaux**.

Pour Kant, si « la bonne volonté » est primordiale, la morale est avant tout un effort délibéré, déterminé par la **raison**, en correspondance avec des **valeurs établies**. Les morales de type conséquentialiste postulent plutôt que c'est l'examen des **conséquences d'une action** qui doit constituer la base de son évaluation. Se combinent plusieurs facteurs : agir bien, car cela nous paraît bien ou se sentir utile, se sentir « bon » et être reconnu comme tel. Or le roi de notre histoire cherche certainement à être reconnu comme bon, comme extrêmement bon, voire comme suprêmement bon. Il décide de le faire à travers un des classiques du « bien » : en pratiquant la charité. À travers cela, il cherche à la fois la gloire et la « bonne conscience ». Cette dernière peut se définir ici comme le sentiment du devoir accompli, qui procure un certain bien-être. Elle s'oppose à la mauvaise conscience, qui nous indique ce qui n'est pas fait, ce qui ne peut pas être fait ou reste à faire, ou encore ce qui a été fait et n'aurait pas dû être fait. La mauvaise conscience indique le manque, la faute, la culpabilité, elle procure un certain **malaise**, mais elle est le moteur essentiel de la morale : ce qui nous pousse à agir.

Le problème qui se pose dès lors est celui de l'**intention**. Pourquoi agissons-nous ? L'histoire que raconte le derviche au roi est destinée à lui faire prendre conscience de ce problème, en le poussant à l'action afin qu'il se connaisse mieux, afin qu'il perçoive la facticité de son être. Il s'agit de débusquer l'**immoralité** et la **vanité** qui se cachent derrière les prétentions superficielles de la moralité. À travers cet exemple, le conte nous montre que la dynamique de « bonne conscience » reste un schéma tout à fait courant, qui consiste à prétendre s'acheter à vil prix une complaisante satisfaction et une confortable réputation.

Calcul ou générosité

Le premier derviche met le roi à l'épreuve en lui racontant une histoire, afin qu'il prenne conscience de lui-même, de son côté ambitieux et vain. Le second derviche le met aussi à l'épreuve non par les paroles, mais par les actes, de manière à vérifier l'**authenticité** de sa générosité. Bien entendu, le roi a failli, et en lui rendant son argent le derviche lui offre quelques recommandations ou reproches laconiques. Il s'agit en fait d'une sorte d'explication de ce qui conditionne le **véritable don**. La première condition est de ne rien attendre. La seconde est de ne pas chercher dans le don le sentiment d'être généreux, c'est-à-dire la satisfaction de la bonne conscience. Car si nous souhaitons avant tout « profiter » de notre générosité, il est certains gestes ou signes attendus, comme la gratitude d'autrui. Ainsi notre roi, en prodiguant la charité, acquiert comme prévu une reconnaissance sociale accrue.

Comme l'a identifié l'anthropologue Marcel Mauss, un tel échange engendre naturellement une forme de supériorité entre le donateur et le récipiendaire. Le don engendre de fait une certaine dépendance, créant à la fois du lien social et de la différence sociale, où s'établit naturellement une certaine forme de **hiérarchie**. Le don entraîne d'ailleurs toujours une sorte de contre-don, dans ce cas-ci, un simple signe d'**allégeance**, et c'est ce qui est fermement attendu, quand bien même ce n'est pas spécifié. Ainsi le potentiel conflictuel du don est manifeste, car il est en quelque sorte ritualisé par les codes sociaux qu'il s'agit de ne pas transgresser. Aussi, lorsque le derviche déguisé en mendiant continue à recevoir le don sans pour autant exprimer une quelconque **gratitude**, il ne peut qu'indisposer le roi. Un tel homme montre une insolence inacceptable, il proclame ouvertement un refus du pacte, qui ne peut que frustrer le roi de ses attentes, le renvoyant ainsi indirectement à la nature sordide de ses sombres calculs à peine déguisés sous des dehors magnanimes.

La suspicion

La troisième et dernière injonction du derviche est de « donner sans jamais douter de quiconque ». Car on voit au fil de la narration comment le roi en vient à suspecter le faux mendiant en lui attribuant les intentions les plus mesquines. On peut entrevoir deux aspects à cette suspicion. Le premier se fonde sur les **expectatives**. Comme nous l'avons vu, le roi « attend » quelque chose, une forme de **satisfaction personnelle**, quand bien même il n'en est pas vraiment conscient. Or du fait qu'il attend quelque chose, il craint nécessairement de ne pas l'obtenir, il doute, il est inquiet. Toute attente est nécessairement doublée à la fois d'un **espoir** et d'une **anxiété**. Or si le temps passe sans résultat tangible, ou encore si le refus ou l'impossibilité deviennent manifestes, cela engendre de la **frustration** et même du **ressentiment**, dépendamment de la prégnance et de l'importance de cette attente.

L'autre aspect de la suspicion se fonde sur un phénomène de **projection**, encore moins conscient que celui de l'expectative. Le roi est animé par de sombres calculs : de gloire, de reconnaissance, de concurrence, de pouvoir, etc. Lorsqu'il

« manifeste sa bonté », ce n'est que mise en scène. Comment pourrait-il ne pas penser que tout un chacun fonctionne de la même manière ? Son être est structuré d'une manière déterminée que l'on peut appeler sa vision du monde : il pense et agit à travers ce prisme spécifique. Pour le roi de l'histoire, tout un chacun calcule et désire, tous craignent et combattent : il n'est pas possible de faire autrement. Un homme ne pourrait pas ainsi persévérer dans le bien, gratuitement, sans arrière-pensée ou finalité cachée. Le « pur » don, sans aucune attente, étant impossible, cet homme est donc suspect. La **confiance** est pour ce souverain inquiet une impossibilité.

Compréhension

– Pourquoi un puissant roi s'ennuierait-il ?
– Le roi a-t-il besoin d'un derviche uniquement pour lui raconter une histoire ?
– Pourquoi le roi se fâche-t-il ?
– Pourquoi le roi se sent-il supérieur au derviche ?
– Pourquoi le roi veut-il devenir généreux ?
– Pourquoi le roi se fâche-t-il contre le derviche mendiant ?
– Pourquoi ne faut-il pas rechercher « le sentiment d'être généreux » ?
– Pourquoi le roi se méfie-t-il d'autrui ?
– Quelle est la fonction commune des deux derviches dans cette histoire ?
– Le roi est-il satisfait de lui-même ?

Réflexion

– Pourquoi avons-nous besoin d'être flatté ?
– Est-il possible de ne rien attendre de la vie ?
– Pourquoi nous méfions-nous d'autrui ?
– Pourquoi nous ennuyons-nous ?
– La gloire peut-elle nous rendre heureux ?
– Pourquoi voulons-nous souvent nous comparer aux autres ?
– L'être humain est-il tenté par l'excès ?
– Savons-nous toujours pourquoi nous agissons ?
– L'homme est-il un être éternellement insatisfait ?
– Est-il possible de vouloir faire le bien uniquement pour faire le bien ?

19/ La bien-aimée

Aime-t-on quelqu'un ou aime-t-on l'amour ?

Il était une fois un jeune homme très amoureux. Tous l'admiraient pour la constance de sa passion. Car depuis plusieurs années, il ne pouvait rejoindre sa bien-aimée ; diverses circonstances s'y opposaient. Néanmoins, l'espoir nourrissait son cœur.

Or un beau jour, il reçut enfin le message tant attendu de la part de sa belle.

— Viens me rejoindre ce soir, nous pourrons finalement nous voir. Et j'ai préparé une grande fête pour toi.

Elle lui donnait rendez-vous dans un endroit convenu et ajoutait :

— Attends-moi jusqu'à minuit et je viendrai sans que tu aies besoin de m'appeler.

L'amoureux fut transporté de joie en recevant cette missive. Il fit part de la nouvelle à tous ses proches, famille et amis. Comme il voulait partager son bonheur avec tout un chacun, il fit la charité à tous les miséreux de la ville, leur distribuant du pain et de la viande.

Enfin, quand le moment tant attendu arriva, il se rendit à l'endroit indiqué par sa bien-aimée, et patienta. Il attendit un certain temps, quelque peu fébrile, néanmoins patiemment.

Comme le temps passait, il finit tout de même par s'endormir.

À la nuit tombée, la bien-aimée arriva, fidèle à sa parole. Mais elle trouva son amoureux endormi ! Elle découpa alors un morceau de sa robe, enveloppa quelques noix dans le carré de tissu, et fourra le tout dans la poche du vêtement que portait le jeune homme.

À l'aube, l'amoureux se réveilla, chercha sa belle, mais ne la vit pas. Il sentit alors le petit paquet dans sa poche, y plongea la main et en retira le présent qui lui avait été fait dans son sommeil. Voyant les noix et le tissu, il s'écria :

— Ma bien-aimée est plus fidèle et constante que moi ! Si je suis en peine, c'est bien de ma faute.

 Sagesse des contes soufis

La constance

Le héros de cette histoire est admirable pour la constance de sa passion. Le terme constance vient du verbe latin *constare*, qui signifie « être ferme », ou « tenir bon », mais aussi *constare* : « rester ensemble ». Il s'agirait d'une **vertu** ; ainsi l'âme, l'esprit, la personne ou la volonté se doivent d'accompagner sans défaillir. Mais un tel concept implique qu'il se trouve aussi une force contraire, puissante et menaçante, sans quoi on ne comprendrait pas pourquoi il s'agit de résister, comment cette résistance constituerait une vertu.

Dans le cas présent, il est question de la constance, celle de l'**amour**. Notre héros est constant en amour, en dépit des **circonstances** qui lui font **obstacle**. Ici, l'amour se suffit donc à lui-même, rien ne saurait l'arrêter. Peu importe les frustrations diverses que rencontre cet amour. Le cœur de notre amoureux se nourrit d'**espoir**, il peut attendre pour l'éternité pourrait-on croire, montrant par là l'autonomie et la fortitude d'un tel héros.

Puissance et impuissance

Si le héros de cette histoire peut être perçu comme une personnalité forte, en particulier pour la constance qui l'anime, il peut aussi être taxé d'impuissance. En effet, il ne peut aller au bout de son histoire d'amour. Impuissance tant psychologique que sexuelle, pourrait-on dire. Il n'a pas les forces ou les **ressources nécessaires** pour mener à bien son affaire. Les circonstances constituent toujours l'**alibi** principal de ceux qui tentent de justifier leur impuissance. L'amant attend passivement un geste de sa bien-aimée. Ce qui se nomme espoir peut tout autant se nommer passivité.

Naturellement, quand vient le grand moment de la rencontre, il s'endort ! L'espoir, dans le lexique philosophique de Spinoza, est une passion négative et triste, car il s'agit d'une attente caractérisée par l'**incertitude** et l'**inaction**. Il comporte de surcroît une **surestimation de soi** par rapport au vrai rapport de forces des choses : il est une évaluation imaginaire du possible qui implique de l'impuissance parce que la réalité n'est pas considérée de manière adéquate. On attend plus du réel qu'il ne semble donner, on mise et s'investit sur la simple possibilité. L'espoir a pour ombre la peur, car nous doutons du résultat. L'espoir n'est que l'ombre ou l'antichambre du désespoir. On peut donc y voir une cessation d'être, un manque de puissance.

Certes, le fait de s'endormir peut être pris comme un moment de paix et de béatitude, mais il peut aussi être interprété comme un moment d'**aboulie**. L'amant n'a pas su saisir le **moment opportun**. C'est justement cette capacité de s'inscrire dans le temps qui distingue l'homme d'action du contemplatif.

Le cadeau de la bien-aimée est un double symbole intéressant. Déjà, la mise en scène est révélatrice : cet être de l'au-delà signale son passage pendant le sommeil de l'amant, comme dans un rêve elle lui glisse un **message**. D'une part le carré de tissu. Il peut indiquer l'apparence et l'extériorité, la simple trace, puisque l'amant n'aura pas su se mettre en présence de son aimée. Il en aura uniquement l'**enveloppe**. Le carré de tissu peut aussi indiquer le tissage, ce lent et patient processus où s'entremêlent les fils pour composer le vêtement : il s'agit de ne pas s'endormir tandis que s'entrecroisent tranquillement la trame et la chaîne. D'autre part la noix, qui est un symbole classique du soufisme : elle représente la **foi**, l'Islam. L'écorce, dure et cassante, est la charia, le code moral et religieux, l'aspect rigide et extérieur de la foi. Le cerneau, la chair, représente la *tarîqa* : la voie spirituelle ou mystique qui mène à la transformation de soi, le dépouillement progressif qui permet l'extinction du moi et l'accès à la vérité. Puis l'huile, invisible mais présente : la *haqiqah*. Elle indique la vérité, la réalité, l'absolu, le secret de l'essence divine. L'initié soufi doit mourir à lui-même et se libérer des attachements mondains, ceux de l'ego, pour se perdre en Dieu : la *haqiqah* lui est alors révélée. Ce long **cheminement** connaît bien des résistances, à commencer par la dureté et la solidité de l'enveloppe extérieure, aussi s'agit-il de ne pas s'épuiser et s'endormir en chemin, afin d'atteindre le véritable amour, celui du divin.

La pluralité de l'amour

L'Antiquité grecque avait plusieurs termes pour exprimer ce que nous nommons du concept unique d'« amour ». Il en est deux en particulier qu'il nous semble intéressant de convoquer ici : *éros* et *agapè*. *Éros* indique l'amour dans sa connotation de désir, de possession, de sécurité, d'attente, de satisfaction. Il est dépendant de l'**objet aimé**, qu'il ne saurait transcender. *Agapè*, au contraire, renvoie plutôt à une connotation de don, de gratuité, de générosité, de sacrifice, de désintéressement. Cette modalité amoureuse accorde de la valeur à l'objet aimé et l'amour porté, plutôt que d'attendre quelque chose en retour. Le premier amour est humain, il calcule et spécule, il connaît l'impatience et la frustration. Le second semble divin, il est, tout simplement, il n'a pas d'autre motivation que lui-même, il n'attend rien puisqu'il détient déjà ce qui l'anime et le nourrit.

Bien entendu, il ne s'agit pas ici de classer les « amours » selon ces deux catégories, mais plutôt d'articuler la **tension amoureuse** à travers cet axe entre désir de **possession** et **don de soi**. L'histoire présente met en scène cette **opposition** à travers deux personnages quelque peu étranges. Un « amoureux » qui attend sans attendre, et une « bien-aimée » qui semble à peine exister.

La bien-aimée est passée, elle est repartie. Elle a néanmoins laissé un message : tout cela n'aura pas été en vain. Mieux vaut avoir aimé et être déçu, que de n'avoir jamais aimé. Tout comme pour la noix et le Coran, il s'agit de découvrir l'huile invisible, au-delà de la coque et de la chair. Mais on peut facilement s'arrêter à la dureté de la coque, à la satisfaction complaisante de la chair. La première résiste, la seconde séduit. Il faut néanmoins savoir passer outre et ne pas s'endormir. Si notre héros a réussi à ne pas céder à la **dureté de l'absence**, il n'a pas su dépasser la **plénitude de la présence**. L'apogée entraîne toujours le périgée. La réalité est finalement ennuyeuse. Sans doute que l'amour est une lente marche, longue et patiente. Il semble qu'avec le temps, il ne puisse survivre qu'à travers une sorte de **nonchaloir**. La véritable puissance amoureuse serait donc une présence constante, un abandon paisible, une quête infinie.

Compréhension

- Qui domine la relation amoureuse dans cette histoire ?
- L'amant est-il une personne faible ?
- Pourquoi tous admirent-ils la constance de l'amant ?
- Quel rôle joue l'espoir dans cette relation amoureuse ?
- Pourquoi l'amant veut-il partager son bonheur avec tout un chacun ?
- Pourquoi la missive spécifie-t-elle qu'il n'y aura pas « besoin d'appeler » ?
- Pourquoi l'amant s'endort-il ?
- Que représente le cadeau de la « bien-aimée » ?
- Pourquoi l'amant s'attribue-t-il la faute de l'échec ?
- La bien-aimée est-elle une personne réelle ?

Réflexion

- L'amant de cette histoire est-il en faute ?
- La constance est-elle toujours une qualité ?
- Les circonstances peuvent-elles être un alibi ?
- L'espoir fait-il vivre ou empêche-t-il de vivre ?
- Aime-t-on l'amour ou une personne ?
- En amour, faut-il tout accepter de l'autre ?
- Attend-on toujours quelque chose quand on aime ?
- L'amour peut-il nous priver de nos moyens ?
- Y a-t-il plusieurs sortes d'amour ?
- Faut-il aimer pour connaître ?

20/ Précieux et sans valeur

Est-il difficile de penser ?

Un roi convoqua un jour son conseiller, un sage soufi, auquel il posa ce problème : « La force de la vraie pensée, c'est le jugement clair, en particulier lorsque se présente à nous une alternative. D'ailleurs, en voici une qui me préoccupe en ce moment : faut-il accroître la connaissance de mon peuple ou lui donner plus à manger ? En sachant que dans les deux cas il en bénéficiera. »

— Sire, à quoi sert de donner la connaissance à ceux qui sont incapables de la recevoir ? rétorqua le sage. Pourquoi donner de la nourriture à ceux qui n'en comprennent pas la raison ? Il est faux de présumer que « dans les deux cas le peuple en bénéficiera ». Si les gens ne peuvent pas digérer cette nourriture ou bien s'ils croient que vous la leur donnez uniquement pour les corrompre, ou encore s'ils se figurent qu'ils pourront en obtenir toujours davantage ainsi, vous aurez échoué. De même pour la connaissance. S'ils sont incapables de réaliser qu'on leur offre la connaissance, ou de la comprendre, ou encore de comprendre pourquoi elle leur est donnée, alors ils n'en bénéficieront guère. Pour mieux l'appréhender, un tel problème doit être abordé par degrés. Voici d'ailleurs la méditation qui pourrait servir d'initiation à un autre degré : « Ce qui est le plus précieux ne vaut rien, et ce qui ne vaut rien est le plus précieux. »

— Il faudra m'expliquer et me prouver cette vérité, car je ne la comprends pas, répondit le roi.

Le soufi fit alors venir un grand derviche et lui posa la question : « Si tu pouvais demander à un habitant de cette ville d'accomplir quelque chose d'important, que lui ferais-tu faire ? »

Ce derviche connaissait les correspondances intérieures des choses. Et il répondit : « Il existe un homme, un marchand du bazar qui pourrait devenir très riche, provoquer en même temps de grands changements bénéfiques dans tout le royaume, et aussi faire progresser la Voie, uniquement par un simple geste : en donnant une livre de cerises à un autre homme dans le besoin. » Le roi fut très heureux d'entendre cette réponse, car d'habitude les maîtres soufis ne sont pas aussi explicites, ni aussi concrets. « Fais venir cet homme immédiatement, et nous lui commanderons ce qu'il doit

 Sagesse des contes soufis

faire », s'écria-t-il. D'un geste réprobateur, les deux autres le firent taire. « Cela ne marche pas ainsi, l'affaire ne peut réussir que si l'homme agit de son plein gré », rétorqua le maître.

Tous trois se rendirent alors au grand bazar, incognito, dépouillés de leurs vêtements de fonction, afin de ne pas influencer indûment la décision du marchand. Ils s'approchèrent de l'étal, examinant les fruits comme des clients ordinaires. Le derviche expliqua au roi qu'il devait jouer le rôle de l'élément déclencheur : il s'approcha du marchand, le salua et lui dit : « Je connais un homme pauvre qui manque de tout. Pourrais-tu par charité lui offrir une livre de cerises ? » Le marchand éclata de rire. « Dis donc, j'ai déjà eu affaire à de nombreux plaisantins dans ma vie, on m'a sorti toutes sortes d'astuces, mais celle-là, c'est la première fois que je l'entends. Quelqu'un qui veut des cerises et qui s'abaisse à venir me les deman- der soi-disant pour quelqu'un d'autre, afin de faire la charité paraît-il. Elle est bien bonne celle-là ! »

Les trois hommes s'en allèrent. « Vous voyez ce dont je vous par- lais ? » dit le sage. « Un homme précieux vient de faire la suggestion la plus précieuse, et les événements ont prouvé que tout cela est sans valeur pour l'homme auquel il s'est adressé. » Le roi le regarda d'un air méditatif, puis il lui demanda : « Qu'en est-il alors de ce qui ne vaut rien, mais qui justement est précieux ? » Le sage lui fait signe de le suivre. Lorsqu'ils s'approchèrent de la rivière, les deux com- parses s'emparèrent brusquement du roi et le jetèrent à l'eau. Or, ils savaient très bien que le roi ne savait pas nager. Ce dernier se débat- tait dans l'eau, il était sur le point de se noyer, quand un misérable vagabond surnommé l'oncle fou, un simple d'esprit bien connu car il traînait souvent dans les rues, sauta immédiatement dans la rivière et ramena le roi sain et sauf sur la berge. Pourtant, bien des passants plus vigoureux que ce pauvre homme avaient vu le roi se débattre dans l'eau, mais aucun n'avait le moindrement bougé.

Le noyé mit quelque temps à se remettre de ses émotions. Mais lorsqu'il se tranquillisa, les deux sages lui dirent d'une seule voix : « Vois comme celui qui ne vaut rien est précieux. »

*C'est ainsi que le souverain revint à sa vieille méthode tradition-
nelle qui consistait à donner ce qu'il était possible de donner, enseignement, assistance ou autre, sous quelque forme que ce soit, au
cas par cas, selon les circonstances, à ceux que l'on jugeait les plus
dignes de recevoir l'aide en question.*

Un roi s'intéresse à la **pensée**, pour elle-même et pour son utilité. Il pose un problème, et son hypothèse de départ paraît judicieuse : il s'agit de savoir penser clairement, en posant un jugement, à travers une **alternative claire**. Dans ce cas-ci, il s'agit de choisir entre « donner de la connaissance au peuple ou lui donner de la nourriture ». La motivation première de cette alternative étant que « le peuple en tirera profit » dans les deux cas. On pourrait dire que selon la pensée soufie, le roi a déjà atteint le deuxième degré du « vrai » savoir : la connaissance de la cause et de l'effet. On remarque aussi que le roi – signe de son avancement – pose une problématique très importante : l'**opposition** entre nécessité matérielle et spirituelle.

La manière dont son conseiller, un maître soufi, lui montrera sa défaillance, sera de lui prouver qu'il se niche une **erreur** dans son **raisonnement**. En premier lieu, pour donner la connaissance à quelqu'un, encore faut-il que cette personne soit capable de la **recevoir**. On trouve là un élément important de l'enseignement soufi, qui se base sur le dialogue : la connaissance en soi ne vaut rien, elle peut même être néfaste. Il s'agit d'abord de savoir à qui elle s'adresse, de quoi cette personne est capable, et ce qu'elle va faire de cette connaissance. Ainsi la manière très catégorique dont pense ici le roi n'est pas appropriée, elle se doit d'être contextualisée ou problématisée. Il en va de même pour le don de nourriture, bien que celle-ci soit de **nature matérielle**. Elle a nécessairement une **dimension spirituelle**. Le don ajoute une **réalité** supplémentaire à la nourriture, car il s'agit d'un échange. Or tout **échange** a un sens, qu'il s'agit de comprendre, sans quoi le don est perverti ou insensé. À nouveau, la question du dialogue se pose en opposition à une pure « objectivité » de l'acte, du don en soi de la chose. On ne doit donc pas donner à autrui sans savoir quel sens cela aura pour lui.

Logique et dialectique

Ainsi, le roi a conclu trop hâtivement au concept de « bénéfice pour le peuple » : son présupposé n'est pas acceptable, sa logique est trop rigide et déterminée. Le sage rajoute d'ailleurs quelques objections à sa critique initiale. Il faut prendre en compte la capacité de **« digestion des gens »**, ce qui a un sens littéral tout autant que métaphorique, pour la nourriture comme pour la pensée. Ensuite, si ce don provoque de « mauvaises pensées », comme le **soupçon** de corruption, alors ce don nourrira plutôt le vice dans le peuple. De même, si ce don encourage l'**avidité**, cela indiquerait aussi un échec. Et *a fortiori*, il en va de même pour la connaissance. Si les gens ne comprennent même pas ce qui leur est donné, s'ils ne savent même pas que quelque chose leur est donné, ou encore s'ils ignorent la finalité de la connaissance, il n'y aura là aucun profit.

À ce point, le soufi explique au roi qu'il existe une gradation dans la connaissance, et pour lui montrer son **ignorance**, il lui propose le « premier degré » de cette initiation. Il est intéressant de remarquer que le roi accepte de n'en être qu'au « premier degré ». Cette attitude montre qu'il est prêt à être mieux éduqué. En guise d'introduction au prochain degré, est offert un paradoxe sur le thème de la valeur. Le côté paradoxal de la vérité énoncée tranche avec le schéma initial du roi, de nature plutôt logique. On passe du « ceci ou cela », plus déterminé, à « ceci est l'opposé de lui-même », plus fluide. Le premier modèle est un schéma logique d'exclusion, selon le principe de non-contradiction. Le second est un modèle paradoxal ou dialectique, de nature plus vaste et plus élevée, puisqu'il invite à dépasser le stade des **apparences**, des contradictions superficielles, aussi évidentes soient-elles. Dans ce schéma, les opposés ne s'excluent pas, ils se font écho. Ainsi toute vérité digne de ce nom tendra à prendre une forme paradoxale. De plus, le

paradoxe en question porte sur un concept fondamental : la **valeur**, c'est-à-dire sur nos hiérarchies, sur nos finalités, sur ce qu'il y a d'essentiel. Or il s'agit de découvrir, selon l'enseignement soufi, que les vérités les plus fondamentales sont nécessairement de nature paradoxale.

Être et unité

Pour expliquer de manière concrète le paradoxe présenté, le soufi fait appel à un autre sage : un derviche, un ascète soufi. Le fait qu'il connaisse « les correspondances intérieures des choses » montre qu'il est un véritable **initié**. Car il s'agit là de la sagesse ultime : savoir comment tout est un, non pas de manière abstraite et dogmatique, mais par la connaissance des liens entre les choses. C'est une **vision** que l'on rencontre chez bon nombre de philosophes, tel Spinoza, pour qui l'être est un : il est la **substance** dont toute chose n'est que mode ou attribut particulier.

Le sage présente un exemple concret de cette unicité de l'être et des correspondances intérieures, avec le cas du marchand qui pourrait, par un simple geste, grandement améliorer son sort, celui de son pays, et en faire bénéficier l'**univers** tout entier. Le roi, toujours très « logique », s'écrie qu'il faut dire immédiatement quoi faire à cet homme, sans comprendre que la **liberté** et la démarche personnelles sont au cœur de cette puissance.

On peut tout de même tenter de « déclencher l'événement ». Il reste la possibilité que chacun d'entre nous a d'agir sur le **monde** et sur **autrui**, tout en laissant une part à l'indétermination. Ce que l'on peut nommer « lâcher prise », qui ne signifie nullement abandonner, mais agir sans vouloir contrôler. Ainsi le soufi offre-t-il au marchand la possibilité de cette **action puissante**, qui pour seule condition exige de manifester une capacité minimale de sollicitude, de compassion ou de générosité. Mais rien n'y fait ! Son « esprit marchand » ne peut voir chez autrui qu'une tentative de manipulation ou d'escroquerie.

Ainsi le marchand ne peut pas prendre au sérieux le derviche : vouloir aider quelqu'un ne peut être au mieux qu'une plaisanterie. Comment cet homme pourrait-il comprendre qu'il est le reflet du monde environnant puisque celui-ci est à son image ? La Rochefoucauld écrivit à ce sujet : « Notre méfiance justifie la tromperie d'autrui », elle en est la **cause** et non pas l'effet, ce qui correspondrait à l'esprit soufi. Le singulier et l'universel sont solidaires. C'est une partie importante des « correspondances intérieures ». Et si cet homme changeait, alors par cette **dynamique intérieure du réel**, le monde changerait dans sa totalité, aussi étrange cela soit-il. Ainsi, la suggestion la plus précieuse faite par l'homme le plus précieux reste sans aucune valeur pour le marchand. Car il n'a nullement accès à l'unité de l'être : il est peureusement recroquevillé sur son quant-à-soi.

Apprentissage et expérience

Le roi, déçu, sans doute par désir de compensation, souhaite alors connaître « ce qui ne vaut rien, mais qui est précieux ». La leçon suivante est violente, les deux hommes jettent à l'eau de manière inattendue le roi, alors qu'il ne sait même pas nager. Toute **initiation** passe par une **mise à l'épreuve** de l'être. L'apprentissage est une **expérience**, et non la transmission d'une information.

Le roi meurt presque de cette « leçon ». En effet, apprendre est en quelque sorte **mourir**, si l'apprentissage est digne de ce nom. Or la personne qui va ici sauver le roi est un simple d'esprit, méprisé par tous, alors que tous les gens « de bien », qui auraient agi prestement s'ils avaient su qu'il s'agissait du roi, n'ont pas bougé. Le roi peut alors comprendre comment « ce qui ne vaut rien est précieux ».

Que conclut le roi de cette aventure ? Qu'il ne pouvait pas trancher de **manière catégorique** et absolue le **dilemme** qu'il se posait. Il ne lui reste plus alors qu'à retourner à la **tradition**, qui consiste à faire ce que l'on peut selon les circonstances, selon les personnes.

Quelques questions pour approfondir et prolonger

Compréhension

– Quel est l'intérêt de poser une alternative claire ?
– Quelle est la différence entre « donner à manger » et « donner de la connaissance » ?
– Pourquoi le sage soufi n'est-il pas d'accord avec la question initiale du roi ?
– Pourquoi le sage propose-t-il un paradoxe en guise d'initiation ?
– En quoi la connaissance des « correspondances intérieures des choses » est-elle importante ?
– Pourquoi ne faut-il pas révéler le « secret » au marchand ?
– Pourquoi le marchand ne saisit-il pas l'opportunité qui lui est proposée ?
– Pourquoi les deux sages sont-ils violents avec le roi ?
– Pourquoi est-ce un simple d'esprit qui sauve le roi ?
– Qu'est-ce que le roi a appris durant son aventure ?

Réflexion

– Faut-il connaître la nature et la motivation d'un don pour l'accepter ?
– L'éducateur doit-il bien connaître la personne qu'il éduque pour pouvoir l'éduquer ?
– La connaissance est-elle plus précieuse que la nourriture ?
– Toute question a-t-elle un présupposé ?
– Les apparences sont-elles trompeuses ?
– Existe-t-il réellement « des correspondances intérieures des choses » ?
– L'éducation peut-elle se produire sans violence ?
– La vérité est-elle de nature paradoxale ?
– Quelle est la fonction du jugement ?
– Sommes-nous responsables de l'ordre du monde ?

 Sagesse des contes soufis

Liste des concepts*

- Absurdité (17)
- Acceptation (6)
- Amour (19)
- Apprentissage (20)
- Autorité (4 – 16)
- Autrui (13)
- Aveuglement (10)
- Barbares (4)
- Calcul (18)
- Colère (14)
- Communication (7)
- Complaisance (11)
- Confiance (3 – 5 – 17)
- Conscience (10 – 16 – 18)
- Constance (19)
- Culture (12)
- Curiosité (15)
- Dégoût (12)
- Désir (10)
- Dialectique (20)
- Dilemme (15)
- Dogmatisme (16)
- Doute (4 – 11)
- Drame (1)
- Étranger (12)
- Énigme (9)
- Être (20)

- Existence (1)
- Exil (2)
- Expérience (20)
- Faiblesse (15)
- Fatalisme (8)
- Fatalité (6 – 8)
- Fuite (6)
- Générosité (18)
- Gloire (18)
- Grandir (11)
- Honte (5)
- Ignorance (15)
- Impuissance (19)
- Inconscience (16)
- Indécision (11)
- Inspiration (9)
- Intentions (12)
- Interprétation (6)
- Intuition (9)
- Liberté (2 – 6)
- Liens intérieurs (14)
- Logique (20)
- Maîtrise de soi (14)
- Mensonge (5)
- Méfiance (4 – 17)
- Mérite (9)
- Miroir (14)

* Les numéros entre parenthèses renvoient aux numéros de pages.

Bibliographie

Livres de philosophie

Descartes, *Discours de la méthode*, Gallimard, Bibliothèque de la Pléiade, 1953

– Descartes, *Méditations Métaphysiques*, Gallimard, Bibliothèque de la Pléiade, 1953

– Epictète, *Entretiens*, Les Belles Lettres, 1962

– Hegel, *Phénoménologie de l'esprit*, Folio-Essais, Gallimard, 1993

– Kant, *Critique de la raison pure*, GF Flammarion, 1976

– Kant, *Fondation de la métaphysique des mœurs*, Le livre de poche, *1993*

– Kant, *Critique de la raison pratique*, GF Flammarion, 2003

– Lao Tseu, *Tao Te King, Le livre du Tao et de sa vertu*, Dervy, 1999

– Le Bon, Gustave, *Psychologie des foules*, PUF, 2003

– Mauss, Marcel, *Essais de sociologie*, Seuil, 1971

– Montaigne, *Les Essais*, Arléa, 2002

– Nietsche, *Par-delà bien et mal*, Folio-Essais, Gallimard, 1987

– Nietsche, *Généalogie de la morale*, Gallimard, 1967

– Pascal, *Pensées*, Le livre de Poche, *1974*

– Platon, *Apologie de Socrate*, GF Flammarion, 2002

– Platon, *La République*, GF Flammarion, 1966

– Platon, *Premiers dialogues*, GF Flammarion, 1967

– Platon, *Le banquet*, GF Flammarion, 2007

– Rousseau, *Discours sur l'origine et les fondements de l'inégalité parmi les hommes*, « Les intégrales de philo », Nathan, 1998

– Schopenhauer, *Parerga et Paralipomena : Aphorismes sur la sagesse dans la vie*, Kessinger Publishing, 2010

– Spinoza, *Ethique*, GF Flammarion, 1965

– Spinoza, *Traité de la réforme de l'entendement*, GF Flammarion, 1964
– Sartre, *L'être et le néant*, Gallimard, 1976
– Sartre, *L'existentialisme est un humanisme*, Gallimard, 1996
– Schiller, Friedrich Von, *Lettres sur l'éducation esthétique de l'homme*, Aubier-Montaigne, 1992 (collection bilingue-allemand)
– Thomas d'Aquin, *Somme théologique II*, édition du Cerf, 1999
– Voltaire, Dictionnaire philosophique, Folio classique, Gallimard, 1994
– Wittgenstein, *Tractatus logico-philosophicus*, Gallimard, 2001

Références
– *La Bible de Jérusalem*, collectif, édition du Cerf, 1998
– *Le Coran*, Albouraq, 2009
– Lalande, André, *Vocabulaire technique et critique de la philo*, PUF, 1991

Livres sur le soufisme

– Chittick, William C., *The Sufi Doctrine of Rumi*, World Wisdom Books.
– Chittick, William C., *The Sufi Path of Love. The Spiritual Teachings of Rumi*, Albany, State University of New York Press.
– Geoffroy, Éric, *Le Soufisme. La voie intérieure de l'Islam*, Coll. Points-Sagesse, Paris, Seuil.
– Lings, Martin et Pasquier, Roger du, *Qu'est-ce que le soufisme ?*, Coll. Points-Sagesse, Paris, Seuil.
– Lings, Martin, *Le Livre de la Certitude. La doctrine soufie de la Foi, de la Vision et de la Gnose*, Éditions Tasnîm.
– Rumi, Djalal al-Din, *Le Livre du dedans : Fihi-ma-fihi*, Paris, Actes Sud.
– Rumi, Djalal al-Din, *Le Mesnevi. 150 contes soufis*, Paris, Albin Michel.

– Vitray-Meyerovitch, Eva de, *Rumi et le soufisme*, Coll. Points-Sagesse, Paris, Seuil.

– Vitray-Meyerovitch, Eva de, *Anthologie du soufisme*, Paris, Albin Michel.

– Shah, Idries, *Contes Derviches*, Paris, Le Courrier du Livre.

– Skali, Faouzi, *Traces de lumière. Paroles initiatiques soufies*, Paris, Albin Michel.

Oscar Brenifier et Isabelle Millon

– Collection « L'apprenti-philosophe », Nathan.

L'Art et le Beau ; *Raison et sensible* ; *Liberté et déterminisme* ; *La Conscience, l'inconscient et le sujet* ; *L'État et la société* ; *Travail et technique* ; *L'Opinion, la connaissance et la vérité* ; *Le Temps, l'existence et la mort*

– Cahier de 110 exercices philosophiques (publié en Espagne et au Danemark)

Oscar Brenifier

Éditions Nathan

– Collection « PhiloZenfants » : *La Vie, c'est quoi ?* ; *Le Bien et le Mal, c'est quoi ?* ; *Les Sentiments, c'est quoi ?* ; *Qui suis-je ?* ; *La Liberté, c'est quoi ?* ; *Savoir, c'est quoi ?* ; *Le Bonheur, c'est quoi ?* ; *Vivre ensemble, c'est quoi ?* ; *L'Art et le Beau, c'est quoi ?*

– Collection « Les Petits PhiloZenfants » : *Pourquoi je ne fais pas ce que je veux ?* ; *Pourquoi je vais à l'école ?* ; *Dis, papa, pourquoi tu m'aimes ?* ; *Dis, maman, pourquoi j'existe ?*

– Collection « PhiloZidées » : *Le Livre des grands contraires philosophiques* ; *Le Sens de la vie* ; *Amour et amitié* ; *C'est bien C'est mal* ; *La Question de Dieu* ; *Le Livre des grands contraires psychologiques*

Éditions Autrement
– *La Vérité selon Ninon*
– *Le Bonheur selon Ninon*
– *Le Beau selon Ninon*
– *L'Amour selon Ninon*

Éditions Albin Michel
– *Sagesses et malices de Yoshua, l'homme qui se disait le fils de Dieu*

Éditions du Seuil
– *Questions de logique !*
– *Questions de philo entre ados*

De nombreux ouvrages sont téléchargeables gratuitement sur www.brenifier.com.

Mise en page : Florian Hue

N° éditeur : 4737

Dépôt légal : juin 2013

Imprimé en Allemagne par BoD

www.ingramcontent.com/pod-product-compliance
Lightning Source LLC
LaVergne TN
LVHW051156060726
842526LV00014B/3218